Knaur

D1923710

Redaktionelle Mitarbeit:
Bob Dolman und Joan D. Vinge

Vollständige Taschenbuchausgabe 1988
Droemersche Verlagsanstalt Th. Knaur Nachf., München
Lizenzausgabe mit freundlicher Genehmigung des Loewes Verlags, Bindlach
Titel der Originalausgabe »Willow«
TM & © 1988 Lucasfilm Ltd. All Rights Reserved
© der deutschsprachigen Ausgabe 1988 Loewes Verlag Ferdinand Carl GmbH & Co. KG, Bindlach
Aus dem Amerikanischen von Fritz R. Glunk
Umschlagfoto Keith Hamshere/Lucasfilm Ltd.
Druck und Bindung Elsnerdruck, Berlin
Printed in Germany 5 4 3 2 1
ISBN 3-426-02891-3

George Lucas:
Willow

Knaur

Inhalt

Die schwarze Festung

Die Sonne war hinter den schwarzen Kegeln der Vulkanberge versunken. Dunkel und drohend ragten die Türme und Zinnen der Burg Nockmaar in den Nachthimmel. Nur der unruhige Schein einiger Fackeln verriet, daß sie bewohnt war.

Von hier aus, geschützt durch unbezwingbare Basaltmauern, herrschte Königin Bavmorda mit eiserner Faust über ihr Land. Überall fürchtete man ihre Zauberkraft, niemand, weder Mensch noch Tier, wagte sich freiwillig in die Nähe der Festung.

Plötzlich zerriß ein markerschütternder Schrei die unnatürliche Stille des Tales. Es war der Schrei einer jungen Frau. Sie lag gut bewacht in einem Verlies der Burg auf einem achtlos zusammengeschobenen Strohhaufen. Und hier hatte sie eben ein Kind zur Welt gebracht. Lächelnd hielt sie es nun im Arm, und für diesen kurzen kostbaren Moment vergaß sie, in welcher Gefahr sie waren.

„Eine Tochter also", stellte die Hebamme Ethna fest, die von Bavmorda den Auftrag erhalten hatte, der Mutter bei der Geburt zu helfen. Ethna hob ein schmutziges Tuch vom Boden auf und wischte sich daran die Hände ab.

„Ja, eine Tochter. Und wie schön sie ist!" antwortete die Mutter leise.

Da beugten sich zwei der Soldaten Bavmordas, die den Kerker bewachten, über das karge Lager, um das Neugeborene anzustarren. Ethna stieß sie energisch zurück und nahm das Kind an sich, wie es dem Befehl Bavmordas entsprach. Denn nach der Prophezeiung Fin Raziels hatte Bavmorda angeordnet, daß in ihrem Reich kein einziges Kind mehr außerhalb der schwarzen Mauern Nockmaars geboren werden sollte.

Nie würde Königin Bavmorda auch nur ein Wort dieser Prophezeiung vergessen, nie würde sie vergessen, daß Nor Markan, der alte Kristall, sie gerufen hatte, in jener Tagnacht, in der der Mond verschwand und die Sonne aufging. Deutlich hatte sie noch vor Augen, wie sie sich über den funkelnden Stein beugte, der auf einem Sockel aus schwarzer Lava ruhte. Und mit einemmal formten sich wie aus dem Nichts die Umrisse einer strahlend schönen Frau. Es war das Bild Fin Raziels, die das Gewand und das Diadem der Königin der Sonne trug.

Als die Erscheinung zur Ruhe kam, erklang Fin Raziels leise, aber eindringliche Stimme: „Bavmorda, du hast mich besiegt und hierher verbannt. Du hast mein Reich erobert, um jetzt mit kalter Grausamkeit über jedes Lebewesen zwischen Nockmaar und Tir Asleen zu herrschen. Aber eines Tages“, verkündete die Stimme nun in einem Ton, der die mächtige Bavmorda erzittern ließ, „eines Tages wirst du von der Geburt eines Kindes hören und wissen, daß deine grausame Herrschaft ein Ende nimmt. Das Kind wird das Zeichen tragen, Bavmorda, und daran wirst du es erkennen. Sieh her, dies ist das Zeichen, das dich und deine dunkle Macht zerstören wird!“

Mit diesen Worten verschwamm die Gestalt im Inneren des Kristalls, und aus den Farben ihres lichten Gewandes bildete sich ein glänzender vollkommener Kreis. Tiefer und immer tiefer beugte sich die schwarzgekleidete Königin über den Stein. Von dem Kreis ging eine Kraft aus, die Bavmorda in ihren Bann zog. Sie kämpfte dagegen an und spürte, wie der alte Haß in ihr aufstieg gegen dieses Zeichen aus der Welt der Sonne und des Lichts, die noch immer jenseits ihrer Macht lag.

Das Gefühl des Hasses und des Zorns wurde übermächtig: Flammenstrahlen schossen aus ihren Händen, Blitze umzuckten sie, und dann stieß Bavmorda einen so entsetzlichen Schrei aus, daß es laut und gellend von den Wänden ihrer Festung Nockmaar widerhallte — und Nor Markan zersprang ...

Nun hielt Ethna das Kind im Arm, ein kleines, zartes Wesen, das sie aus unergründlichen Augen freundlich anblickte. Ein seltsames Glücksgefühl überströmte die Amme, und sie hätte das Kind am liebsten geküßt und an ihre Brust gedrückt. Doch statt dessen begann sie, es behutsam und mit geschickten Griffen zu untersuchen. Und als sie vorsichtig die angewinkelten kleinen Arme des Babys streckte, sah sie es: In einer Armbeuge schimmerte ein kreisrundes Mal.

Fast hätte Ethna vor Schreck einen Schrei ausgestoßen. Aber dann wickelte sie das Baby in eine Decke, als wäre nichts gewesen.

Doch Ethna hatte nicht mit den scharfen Augen Sorshas gerechnet, die jetzt von ihrem Sitz in der Ecke des Kerkers aufsprang. Sie war die Tochter der Königin Bavmorda. Und sie war schön und stark, mit flammendroten Haaren und dunkler Haut. Sorsha haßte es, hier im Kerker wachen zu müssen. Ethna befiel eine tiefe Traurigkeit, wenn sie daran dachte, was für ein sanftes, schönes Mädchen Sorsha einmal gewesen war. Jetzt strahlte die Tochter Bavmordas nur noch Bitterkeit und Kälte aus.

Sorsha riß der Amme das weinende Baby aus den Armen, bog den kleinen Arm grob durch, befühlte das kreisrunde Mal und lächelte triumphierend. „Das hättest du besser nicht tun sollen, Ethna“, sagte sie, und ihre Stimme klang sehr bedrohlich. „Das war dumm von dir.“

Dann gab sie Ethna das Baby zurück und wandte sich zur Kerkertür, die ihr einer der Soldaten unterwürfig öffnete. Auf dem finsteren Gang wandte sich Sorsha noch einmal um. „Die Prophezeiung ist erfüllt“, sagte sie. Und ihre Stimme zeigte dabei keinerlei Regung. „Ich werde es meiner Mutter mitteilen.“

Krachend ließen die Soldaten die Tür hinter Sorsha ins Schloß fallen.

Eine unendlich erscheinende Zeit herrschte Stille in der Kerkerzelle — bis die junge Mutter, die alles mit weit aufgerissenen Augen verfolgt hatte, das Schweigen brach.

„Meine Tochter trägt das kreisrunde Mal, Ethna“, stammelte sie. „Ich habe es gefühlt. Jetzt hat alle Qual ein Ende, und Bavmordas Macht wird endlich zerstört werden. Aber du, Ethna, du mußt das Kind retten. Du mußt! Das Schicksal des ganzen Landes liegt in deinen Händen!“

„Sei still“, zischte Ethna ärgerlich. Sie war nur eine einfache Amme. Und wie alle anderen hatte sie Angst vor Bavmorda und ihren Soldaten. Wie sollte sie das Kind retten?! Ethna hob das kleine Mädchen hoch, um es in die Arme der Mutter zurückzulegen. Und in diesem Moment sah sie, mitten in dieser düsteren, schmutzigen Umgebung, erneut in seine lächelnden Augen. Ein kleines Kind, das das Land von der Tyrannei Bavmordas befreien würde. Und eine Mutter, die bereit war, ihr Leben dafür zu opfern …

Ethna zögerte noch einen Moment, dann aber handelte sie mit aller Entschlossenheit. Sie riß von dem Sitz, auf dem Sorsha gesessen hatte, das Tuch und faltete daraus eine Trage für das Kind. Aus einigen Lumpen, die auf der Erde lagen, formte sie hastig ein kleines Bündel, das die Gestalt eines Kindes hatte, und legte es der jungen Mutter wortlos in den Arm.

„Ethna ... danke!“ murmelte die Frau. Ihre Augen glänzten. Zum letztenmal küßte sie ihr Kind und gab es dann der Hebamme, die es an sich drückte, als wäre es ihr eigenes. Zitternd vor Angst, lief Ethna an den Wachen vorbei aus der Zelle, den dunklen, steinernen Gang hinunter.

Doch Bavmorda war schneller, als Ethna gedacht hatte. Schon hörte sie das Jaulen und Hecheln der riesigen Kampfhunde und den herrischen Schritt der Königin. Am Ende des Ganges tauchte bereits der Schein von Fackeln auf. Ethna blieb fast das Herz stehen, und ein kalter Schauer lief ihr über den Rücken. Ein paar Schritte nur trennten sie noch vom Eingang zum unterirdischen Labyrinth. Zitternd kauerte sie sich hinter einen Mauervorsprung, als auch schon Königin Bavmorda mit schnellen Schritten den Gang herunterkam. Ihr langes, schwarzes Gewand zog sie wie eine Schleppe hinter sich her, und die weiten Ärmel rauschten wie Flügel. Auf dem schmalen Kopf trug die Königin eine Krone mit zwei scharfen Spitzen, die über den Ohren nach oben ragten und im Schein der Fackeln blitzten. Ihr Gesicht war kalt und streng. Sorsha und Kael, der Heerführer der Königin, folgten ihr.

Und dann stockte Ethna der Atem: Einer der Kampfhunde hatte sich plötzlich umgedreht und blickte genau in ihre Richtung, so daß sie das Weiße in seinen blutunterlaufenen Augen sehen konnte. Aber herrisch und gereizt riß Bavmorda ihn weiter mit sich. Ethna hörte noch, wie Bavmorda die Kerkertür öffnete, dann verließ sie ihr unsicheres Versteck und lief um ihr Leben.

Als die Kerkertür kreischend aufschwang und der Schein der Fackeln ins Halbdunkel des Verlieses drang, zog die junge Mutter das Lumpenbündel fest an sich und drückte sich tiefer ins feuchte Stroh. Mit wenigen Schritten durchmaß Bavmorda den Raum, um dann ganz plötzlich stehenzubleiben.

„Also du warst es", sagte sie und warf der Frau einen durchbohrenden Blick zu.

Die Mutter hob den Kopf. „Auch du kannst die Prophezeiung nicht ändern, Bavmorda", sagte sie herausfordernd.

„Dieses Kind wird keine Macht über mich haben", stieß Bavmorda hervor und griff nach dem Bündel, das die Frau im Arm hielt. Ungeduldig riß sie die Tücher auseinander und schleuderte sie wütend gegen die Kerkerwand.

„Wo ist das Kind?" kreischte sie.

Da erinnerte sich Sorsha an die Hebamme. „Wo ist Ethna?" Suchend blickte sie sich nach ihr um.

Bavmorda und Kael erbleichten. „Finde mir dieses Kind, Sorsha!" zischte Bavmorda wütend. „Nimm die Hunde dazu! Und bring es mir lebend!"

„Meine Tochter wird dich vernichten, Bavmorda!" rief die junge Mutter. „Du kannst sie nicht aufhalten! Deine Schreckensherrschaft ist zu Ende!"

Bavmorda richtete wortlos ihren glühenden Blick auf die Mutter des Babys. Dann wandte sie sich den Wachen zu. „Tötet sie!" fauchte sie im Vorbeigehen und verließ, ohne sich noch einmal umzusehen, den Kerker.

Rechtzeitig hatte Ethna das unterirdische Labyrinth der Burg erreicht, in dem sie sich etwas auskannte. Zwei Tage und zwei Nächte lang verbarg sie sich in den Tiefen der unheimlichen Gänge und wartete voller Angst. Immer wieder hatte sie das wütende Geheul der Kampfhunde und die Rufe und Befehle der Verfolger gehört, und immer wieder hatten sie sich entfernt. Und dann war alles still geblieben. Offenbar hatten sie die Burg verlassen, um das ganze Land zu durchsuchen. Innerhalb der schwarzen Mauern herrschte eine Totenstille.

Vorsichtig tastete Ethna sich an den Wänden der Gänge entlang, gelangte in den Keller der Burg und schlich sogar bis in die Küche, um Milch und Zucker für das Kind zu holen. In einer Neumondnacht verließ sie Nockmaar durch einen Geheimgang.

Mehr als Kaels Grausamkeit und Sorshas Kälte fürchtete Ethna den Jagdinstinkt der Kampfhunde. Sie wußte, wenn sie ihren feinen Nasen entgehen wollte, mußte sie den großen Fluß erreichen und durchqueren. Doch der Fluß war weit.

Ethna schlief tagsüber in einsamen Höhlen, auf hohen Bäumen oder verbarg sich im dichten Gestrüpp. Nachts wanderte sie über Lavafelsen und das Vulkangebirge, über hohe Ebenen mit seltsamer Vegetation und durch die glühendheiße Wüste — das Baby immer als kleines Bündel im Arm, und ständig in der Angst, daß das Bellen der Hunde näher kommen könnte. Sie rastete nur, um dem Kind ein wenig zu trinken zu geben oder es zu wickeln, und versuchte, möglichst keine Spuren zu hinterlassen.

Und eines Morgens erreichte Ethna den großen Fluß. Erschöpft setzte sie sich ans Ufer und weinte nach all diesen Tagen zum erstenmal, so daß sich ihre Tränen mit dem vorbeifließenden Wasser mischten. Sie wußte, sie war zu müde, um jetzt noch die andere Flußseite, das rettende Ufer, zu erreichen. Also legte sie sich ins dichtstehende Schilf und schlief sofort tief und fest ein.

Als Ethna die Augen aufschlug, war es hellichter Tag. Sie fütterte das Baby und wollte sich wieder schlafen legen. Da fuhr sie erschrocken zusammen: Aus der Ferne, aber schon ganz deutlich zu hören, wurde das grausige Geheul der Kampfhunde vom Wind herangetragen. Ethna wußte im gleichen Moment, daß sie ihre Spur gefunden hatten, daß sie in wenigen Minuten hiersein würden ...

Ohne zu zögern, sprang Ethna auf, ihre Müdigkeit war mit einem Schlag verflogen. Sie drückte das Baby fest an sich und lief zum Wasser hinunter. Tapfer watete sie in die dunkelbraunen Fluten.

„Ich muß das Kind retten, ich muß das Kind retten“, fuhr es ihr immer wieder durch den Kopf. Längst war ihr das Wasser bis zum Bauch gestiegen. Sie trug das Baby mit hocherhobenen Armen über ihrem Kopf. Endlich hatte sie die Mitte des Flusses erreicht. Doch plötzlich spürte sie wieder die Müdigkeit, in den Armen, in den Beinen, und dann rutschte sie auf einem der rundgewaschenen, glitschigen Steine aus, stürzte, schluckte Wasser und konnte sich dann wie durch ein Wunder gerade noch fangen. Nur das Tuch, in dem das Baby eingewikkelt war, war naß geworden.

Mit letzter Kraft erreichte Ethna das andere Ufer und verschwand im Schilf. Sobald sie festen Boden unter den Füßen spürte, legte sie das Baby nieder und begann in Windeseile, aus Schilfrohren ein kleines Floß zu flechten. Wie ein Korb sah es aus, und Ethna dichtete es mit Erde und Grasbüscheln ab, so gut es eben ging.

Wieder erklang das Bellen der Hunde vom anderen Ufer herüber, schon so schrecklich nah. Vorsichtig legte Ethna das Kind in das kleine Boot und sah noch einmal in die dunklen, friedlichen Augen, die jetzt einen etwas erstaunten Ausdruck angenommen hatten. Sie kehrte zum Fluß zurück und ging ein Stück ins Wasser hinein. Mit einem sanften, aber energischen Stoß schob sie das Boot von sich. Sie sah, wie es langsam davonglitt und sich der Flußmitte näherte.

In diesem Moment brachen am anderen Ufer zwei Kampfhunde aus dem Unterholz und stürzten sich mit wütendem Geheul ins Wasser. Ethna lief zum Land, stolperte, kämpfte sich auf allen vieren ans Ufer und griff nach einem Stein, mit der anderen Hand nach einem angeschwemmten Stock. So stand sie am Ufer bereit, ihr Leben so teuer wie möglich zu verkaufen.

Während das Kind den Fluß hinuntertrieb und ihren Blicken entschwand, wußte sie, daß sie das einzig Richtige getan hatte ...

Willow Ufgood

In seinem kleinen Gefährt aus Schilf und Gras trieb das Baby immer weiter den Fluß hinunter. Manchmal stieß es an den Uferfelsen an, drehte sich und wurde von der Strömung wieder zur sicheren Flußmitte getragen. Wenn es über die holprigen Steine einer Stromschnelle rutschte, schwankte das Boot gefährlich. Aber wie von einer unsichtbaren Hand geführt, kenterte es niemals, sondern glitt weiter sanft kreiselnd auf dem Wasser dahin. Ab und zu streiften es herabhängende Zweige, und dann lächelte das Baby. Endlich verfing sich das kleine Schilfboot an ein paar Steinen, die in den Fluß hineinragten.

Dort am Ufer spielten zwei kleine Kinder, und ihr fröhliches Lachen klang hell über dem stillen Wasserlauf. Es waren Ranon Ufgood und seine Schwester Mims, der die Ponyhaare unter dem grüngemusterten Kopftuch bis zu ihren dunkelbraunen Augen hinunterreichten. Sie waren auf der Suche nach Fröschen, aber plötzlich blieben sie verwundert stehen. Vor ihnen im Wasser, in einer wackeligen Nußschale aus Gras und Schilf, lag ein Baby und lachte sie an.

Ranon rannte, so schnell er konnte, den Hügel hinauf, gefolgt von seiner Schwester, die Mühe hatte, ihm nachzukommen.

„Dada! Dada!" schrie er aufgeregt.

Oben, auf dem Acker, hielt gerade Willow Ufgood, ihr Vater, sein riesiges Pflugschwein an. Willow selbst war fast noch ein Junge, denn bei seinem Volk, den Nelwyns, heiratete man früh. Er trug Lederstiefel an den Füßen, eine Arbeitshose aus derbem Tuch und eine warme blaue Jacke über dem Hemd. Von seinem braunen Haar fielen ihm einige Locken in die Stirn, unter der große, hellblaue Augen blitzten. Wenn Willow lachte, dann lachte sein ganzes Gesicht. Er wäre auch lieber wie seine Kinder unten am Wasser gewesen, statt hier oben zu pflügen und zu säen. Ergeben seufzte er und griff wieder nach einer Handvoll Saatkörner in seinen Beutel. Da kamen Ranon und Mims über den Acker gelaufen.

„Dada!" rief Ranon. „Wir haben etwas im Fluß gefunden!"

Willow blickte seine Kinder zärtlich an und schüttelte

ein wenig den Kopf: „Ich kann jetzt nicht einfach weglaufen und mit euch spielen, Ranon. Ich habe hier zu tun."

„Aber Dada", sagten Ranon und Mims wie im Chor, „du mußt es dir ansehen! Schnell!"

Das Schwein blitzte Willow mißbilligend an, als er den Bitten seiner Kinder nachgab, den Pflug stehenließ und mit ihnen zum Ufer hinunterging.

Sprachlos stand er wenige Augenblicke später vor dem Anblick, der ihn dort erwartete: ein Baby, das sich im Ufergestrüpp verfangen hatte. Ein großes Baby. Die kleine Mims versuchte gerade, das Boot ans Ufer zu ziehen. Da schlug das Baby die Augen auf und sah sie an.

„Mims! Zurück!" befahl Willow. „Faß das nicht an! Wir wissen nicht, wo es herkommt. Es könnte ja irgendeine Krankheit haben!"

Mit ihren großen Augen schaute Mims zu ihm hinauf. „Aber Dada", sagte sie vorwurfsvoll, „es ist doch ein Baby."

„Es ist nicht wie wir", sagte Ranon, der jetzt erst bemerkte, wie groß das Baby eigentlich war.

„Nein", stimmte Willow zu, „es ist kein Nelwyn: es ist zu groß dafür." Nachdenklich fügte er hinzu: „Es sieht aus wie ein Baby von den Daikinis."

Unwillkürlich hob Willow den Kopf und ließ seinen Blick suchend über den Fluß gleiten. Aber alles war so still und friedlich wie gewohnt. Seine Augen wanderten wieder zu dem Kind im Boot. Es war ein Daikini-Kind, das stand fest. Die meisten Nelwyns wurden nie größer als drei oder vier Fuß. Und dieses war schon jetzt fast so groß wie Ranon.

„Was ist ein Daikini?" Ranon riß seinen Vater aus seiner Grübelei.

„Daikinis sind Riesen, die weit weg von hier wohnen", sagte Willow unwillig. Die friedliebenden Nelwyns wollten mit den Daikini-Menschen und ihren endlosen Kriegen lieber nichts zu tun haben.

Mims lächelte selig: „Oh, es ist so süß ..." So versuchte sie, die das Zögern ihres Vaters zwar sah, aber nicht begriff, alles zum Guten zu wenden. Sie streckte die Hand nach dem Baby aus.

„Mims! Paß auf!" warnte Willow schnell. „Vielleicht beißt es."

Er hielt Mims zurück, da fing das Baby zu weinen an.

„Können wir es nicht behalten, Dada?" fragte jetzt auch Ranon.

„Auf gar keinen Fall", entschied Willow. „Wir werden es wieder aufs Wasser hinausschieben und vergessen, daß wir es jemals gesehen haben."

Während sie noch so standen und das Baby betrachteten, hörten sie eine Stimme vom Feld her rufen. „Ufgood! Willow Ufgood!"

Erschrocken sprang Willow auf, als er die dröhnende Stimme des Dorfältesten, Burglekutt, hörte. „Sssch!" zischte er. „Der Präfekt! Das hat mir gerade noch gefehlt. Bleibt ganz ruhig! Und faßt es nicht an!"

Mit dieser ebenso alten wie sinnlosen Warnung aller Eltern hetzte er auch schon den Hügel hinauf, um dem ungeduldigen Rufen zu folgen.

Als er zum Pflug kam, sah er den dicken Burglekutt in seinem roten Mantel wild gestikulierend über das Feld kommen. Hinter ihm her lief Kiaya, Willows Frau, die dem dicken Präfekten dicht auf den Fersen blieb. Unwillkürlich mußte Willow lächeln beim Anblick ihrer schönen, langen Haare, die im Sonnenlicht glänzten. Das Lächeln aber verschwand, als Burglekutt näher kam.

„Burglekutt!" rief jetzt Kiaya zornig. „Mein Mann hat nichts gestohlen!"

Burglekutt schöpfte eine Handvoll Saatkörner aus Willows Beutel und ließ sie wütend vor dessen Gesicht zu Boden rieseln. „Ufgood! Du hast immer noch nicht deine Schulden bei mir bezahlt. Wo hast du diese Saatkörner her?"

Willow schob die Hand weg. „Vielleicht habe ich sie herbeigezaubert", sagte er mutig und frech, weil Burglekutt es gewagt hatte, Kiaya so aufzuregen.

„Du bist kein Zauberer, Ufgood", knurrte Burglekutt. „Du bist ein Clown. Ich verkaufe hier bei uns die Saatkörner. Also sag mir jetzt, wo du sie herhast!"

Willow legte schützend und hilfesuchend zugleich einen Arm um seine Frau: „Meine Familie hat sie seit dem letzten Herbst im Wald gesammelt. Das ist doch nicht verboten, Burglekutt."

Er schwieg. Und in der entstandenen Stille hörten sie die Kinder unten am Fluß lachen.

Kiaya erstarrte in Willows Arm: „Wo sind die Kinder? Willow! Du hast sie doch nicht am Fluß allein gelassen?"

Sie riß sich los und rannte hinunter zum Ufer.

Willow fuhr jetzt auch der Schreck in die Glieder, und ängstlich blickte er ihr nach. Doch er drehte sich wieder um, als Burglekutt drohend seinen Stock durch die Luft schwang und höhnte: „Zauberei! Du wirst deine Zauberei noch brauchen, wenn du glaubst, daß du mit dem Säen fertig wirst, bevor der Regen kommt!"

Er schleuderte Willow den Inhalt seines Saatbeutels vor die Füße, dann packte er ihn am Kragen: „Ich werde auch dieses Stück Land bekommen, Ufgood", drohte er, „und du wirst als Arbeiter im Bergwerk enden."

Er ließ Willow los, wandte sich um — und stieß direkt

gegen Willows Pflugschwein. Das Tier grunzte ungnädig und hieb mit dem Kopf nach ihm, so daß Burglekutt rückwärts in die frisch aufgeworfenen Ackerfurchen fiel.

Schnell machte Willow sich aus dem Staub. Er lief hinunter zum Fluß. Dort fand der Kiaya — genau wie er befürchtet hatte: mit dem Daikini-Baby im Arm.

„Oh, Willow ...“, murmelte Kiaya glücklich und lächelte dem Baby zu.

„Kiaya!“ Willow holte tief Luft und sagte gewichtig: „Unter absolut gar keinen Umständen wird sich irgend jemand aus dieser Familie in dieses, dieses Etwas da verlieben!“

Da lachte das Baby; und damit gewann es endgültig ihre Herzen. Ohne Willow weiter zu beachten, trug Kiaya das Kind die Uferböschung hinauf, Ranon und Mims liefen ihr hinterher.

„He! Ich bin auch noch da!“ schrie Willow, ohne daß jemand auf ihn hörte. Grummelnd folgte er ihnen bis nach Hause.

In der kleinen, einfach, aber gemütlich eingerichteten Steinhütte marschierte Willow unruhig auf und ab, während Kiaya warmes Wasser in eine Holzwanne schüttete.

„Es ist furchtbar, Kiaya!“ sagte er. „Wenn man das da bei uns findet ..., das ist das Ende von uns allen! Was sollen wir bloß tun?“

„Erst mal machen wir ihr ein Bad“, sagte Kiaya ruhig. „Und du benimm dich gefälligst nicht so komisch!“

Als die Kleine in der Badewanne lag, gluckste sie vor Vergnügen. Und sie hatte wieder den Blick, der vorher schon Ethna so gefangengenommen hatte.

„Ist sie nicht süß?“ Mims tanzte um sie herum. „Schau nur! Die kleinen Zehen!“

Ranon, der so tat, als wäre er kein bißchen beeindruckt, untersuchte die Sachen seines Vaters, die im ganzen Raum herumlagen. Er nahm bunte Federn und ein paar helle Stoffreste in die Hand.

„Vorsicht damit, Ranon“, ermahnte ihn Willow, „das brauche ich morgen auf dem Fest.“

Sanft wusch Kiaya die Kleine und hörte nur einen Augenblick lang damit auf, um sich das seltsame Geburtsmal auf dem Arm anzusehen.

„Willow, was meinst du, sollten wir sie zum Dorfrat bringen?“

„Nein!“ Entsetzt wies Willow diese Idee von sich. „Sie werden glauben, es ist ein böses Omen! Sie werden Angst haben, daß eine Überschwemmung kommt oder eine Dürre, und mir werden sie die Schuld daran geben!“

Er ging jetzt wieder auf und ab und fuchtelte mit den Armen in der Luft herum. „‚Ufgood hat uns dieses Baby angeschleppt, nicht wahr?‘ — ‚Richtig, und ein miserabler Bauer ist er obendrein!‘ — ‚Den holen wir uns!‘“ machte er die Stimmen in der Versammlung nach.

„Willow, beruhige dich“, sagte Kiaya leise. Willow machte sich ständig irgendwelche Sorgen, aber heute schien er noch reizbarer als sonst.

„Mich beruhigen, Kiaya!“ schrie er jetzt auch. „Morgen ist ein wichtiger Tag für mich! Ich soll zum Großen Aldwin in die Lehre kommen!“

Also das war es, was ihn so empfindlich machte. Ihr Mann war nicht bloß ein Sorgenbold, er war auch ein Träumer. Sie seufzte.

„Liebster“, sagte sie sanftmütig, „der Große Aldwin hat schon seit Jahren keinen neuen Lehrling ausgewählt.“

„Morgen ist das etwas ganz anderes.“ Willow blieb beharrlich. „Mich wird er nehmen. Und dieses kleine Ding da wird mir das nicht kaputtmachen.“

Das Baby fing zu weinen an, als Kiaya es aus dem Bad hob und in ein frisches Handtuch wickelte. Kiaya hielt die Kleine ihrem Mann hin.

„He!“ protestierte er. „Ich will sie nicht, Kiaya!“

„Du hältst sie jetzt, solange ich ein bißchen Milch hole.“

Kiaya ließ das Baby in seinen Armen zurück und ging aus dem Zimmer.

Sobald Willow die Kleine in seinen Armen hielt, hörte sie zu weinen auf.

„Sie mag dich, Dada“, sagte Ranon, und es klang ein wenig eifersüchtig.

Willow blinzelte die Kleine an. Sie lachte. Noch ein wenig zögernd lächelte er zurück.

Der Jahrmarkt

Die Straßen zwischen den halbhohen Steinhäusern waren mit gestreuten Blumen bedeckt, überall erklang Musik: Die Nelwyns feierten das Frühlingsfest auf dem Dorfplatz unter den hohen Bäumen. Und alle waren mit dabei, in ihren besten Kleidern und zu ihrem schönsten Zeitvertreib, denn das Fest war der Höhepunkt des Jahres. Rund um den Festplatz waren girlandengeschmückte Wagen und Stände aufgestellt. Hier gab es geröstete Nüsse, wilden Honig und leckere Hirsefladen zu kaufen. Alle Stände waren von Kindern umlagert, die mit großen Augen sehnsüchtig die kleinen „Wunder“ bestaunten.

Die Erwachsenen nahmen gern an den Vergnügungen

der Kinder teil, kauften ihnen auch hier und dort etwas, aber für sie gab es andere Attraktionen: Unter dem Hurra der Zuschauer kämpfte eine Mannschaft von Bergarbeitern gegen eine Auswahl der Bauern im Tauziehen, und die Verlierer purzelten lachend zu Boden. Dann spielten die Musikanten mit Fiedeln und Trommeln zum Tanz auf. Mit blumengeschmückten Stöcken und grünen Zweigen in der Hand formten die Tänzer ihren fröhlichen Kreis in der Mitte des Platzes. Und die Kinder tollten umher, schrien und lachten.

Burglekutt und noch fünf weitere Mitglieder des Dorfrates saßen auf einem erhöhten Podium und sahen dem bunten Treiben vergnügt zu.

Willow freute sich immer auf das Frühlingsfest, aber diesmal mischte sich gewaltiges Lampenfieber in seine Vorfreude, denn für ihn sollte es ein entscheidender Tag werden: Jahrelang hatte er davon geträumt, Zauberer zu werden. Und eines Tages hatte er zu üben begonnen. In jeder freien Minute hatte er an seinen Zaubertricks gearbeitet. Und heute, beim Frühlingsfest, wollte der Große Zauberer Aldwin sich einen Zauberlehrling suchen. Willow hatte ein Podium aufgebaut und zeigte seine Künste. Lächelnd horchte er auf den Beifall seines spärlichen Publikums, wenn er bunte Federn in der Luft erscheinen ließ. Endlich war er zu seinem großen Finale bereit: „Und jetzt das unglaubliche Kunststück: Ich werde ein ganzes Schwein verschwinden lassen!“

Meegosh, Willows bester Freund, dessen Beifall am lautesten war, klatschte noch stärker, und Mims und Ranon zerrten ein kleines Ferkel auf die Bühne. Willow nahm es, und es biß ihn in die Hand. Die Zuschauer lachten laut los, und die Hälfte von ihnen ging schon kopfschüttelnd weiter.

Aber Willow war nicht zu bremsen. Unbeirrt schwang er den Zaubermantel, den Kiaya ihm geschneidert hatte, über dem Schwein: „Whuppity dure, deru, deru!“ rief er laut.

Das Schwein war verschwunden.

Die Menge stand atemlos und tief beeindruckt da, und andere kehrten sogar wieder zurück, um das Zauberkunststück zu sehen.

Da aber kam zappelnd und mit einem ärgerlichen Quieken das Ferkel aus einer versteckten Tasche in Willows Umhang heraus, schoß zwischen seinen Beinen hindurch und sprang unter einem lauten Chor von Buh-Rufen von der Bühne herunter.

Hochrot im Gesicht vor Verlegenheit, sammelte Willow seine Zauberrequisiten ein, während die Zuschauer endgültig weggingen.

Meegosh war dem Schwein nachgelaufen und hatte es eingefangen. Jetzt kletterte er auf die Bühne.

„Das war ausgezeichnet, Willow!“ versuchte er seinen Freund aufzuheitern. „Du brauchst einfach ein anderes Schwein, das ist alles.“

Nachdem Willow seine Utensilien aufgeräumt hatte, gingen sie zu zweit über den Festplatz. Als sie am Dorfrat vorbeikamen, sah Burglekutt höhnisch zu Willow herunter.

„Kümmere dich nicht um Burglekutt“, sagte Meegosh, „wenn du erst mal beim Großen Aldwin Lehrling geworden bist, wird der dir wie ein Hund um die Füße kriechen.“ Er legte einen Arm um seinen Freund, und sie mischten sich wieder unter die festliche Menge.

Da ertönte ein Signal von Hörnern und Trommeln. Es war das Zeichen, daß der Große Aldwin erschien, um einen Lehrling zu wählen. Hin- und hergerissen zwischen

Hoffnung und Verzweiflung, stellte Willow sich zu den beiden anderen, die auch Zauberlehrlinge werden wollten.

Der Große Aldwin war ein weiser, alter Zauberer. Unter seiner spitzen, mit geheimnisvollen Zeichen versehenen Mütze fielen ihm die weißen Haare bis auf die Schultern. Über den Augen standen große, buschige Brauen, und sein langer weißer Bart reichte zwischen zwei Zöpfen bis auf die Brust herab. Seine hellen Augen blitzten. Mit der linken Hand hielt er seinen langen Stab fest.

„Achtung, Achtung!“ rief einer aus dem Dorfrat. „Der Große Aldwin wird jetzt die Wahl seines neuen Lehrlings treffen! Laßt die Hoffnungsvollen vortreten!“

Gespannte Erregung durchlief die Menge, als Willow und die zwei anderen Kandidaten nach vorn kamen.

„Willow Ufgood?“ rief Burglekutt laut. „Einer der Hoffnungsvollen? Wie könnte der denn gewählt werden? Soll das ein Witz sein?“ Er grölte vor Lachen und stieß seine Ratskollegen an, die pflichtschuldig mitlachten.

Mit einem Blick gebot ihnen der Große Aldwin Schweigen, dann wandte er sich den drei Kandidaten zu.

„Zauberei ist der Blutkreislauf des Universums“, sagte er. „Vergeßt, was ihr wißt oder zu wissen glaubt. Alles, was ihr braucht, ist euer Gefühl ...“ Hier machte er eine kleine Pause, bevor er den Kandidaten die alles entscheidende Testfrage stellte: „In welchem Finger ist die Kraft, die Welt zu beherrschen?“ Er hielt vier Finger der rechten Hand hoch. Der erste Kandidat überlegte kurz und berührte dann den Zeigefinger des alten Zauberers. Aldwin schüttelte schweigend den Kopf, bog seinen Zeigefinger ab und hielt die übrigen Finger dem zweiten Kandidaten hin. Der tippte auf den Mittelfinger. Wieder schüttelte der Zauberer den Kopf und trat dann vor Willow hin.

Willow zögerte und biß sich nachdenklich auf die Lippen. Noch zwei Finger waren übrig. Jetzt kam alles darauf an, die richtige Wahl zu treffen. Davon hing es nun ab, ob er für ein Jahr Zauberlehrling werden sollte oder ob die lange Zeit der Vorbereitung vergeblich gewesen war.

Er blickte zum Großen Aldwin auf und las Erwartung und freundliche Aufmunterung in den Augen des alten, weisen Mannes. Willow wollte einer plötzlichen Eingebung folgen, aber dann dachte er darüber nach, fand seine Idee lächerlich und tippte etwas zögerlich auf Aldwins Ringfinger.

Aldwin sah Willow voller Enttäuschung an, dann schüttelte er traurig zum drittenmal den Kopf und stieß seinen Stab auf den Boden. „Kein Lehrling in diesem Jahr!" verkündete er.

Burglekutts Lachen dröhnte über den Platz, und die Menge rief aufgeregt durcheinander.

Willow senkte die Augen und ließ entmutigt die Schultern hängen. Er würde dieses Jahr also nicht beim Großen Aldwin in die Lehre gehen. Aber gleichzeitig bedrückte ihn noch etwas anderes: das Baby. Er wollte Aldwin davon erzählen, gleichgültig, wie schwer es ihm jetzt auch erschien.

„Sir!" rief er. „Ich muß mit Euch reden! Eine Sache von großer Wichtigkeit."

„Du hast deine Chance gehabt, Ufgood", wies Burglekutt ihn bissig zurecht und drehte sich zur Menge um. „Platz da! Ich muß zu einer Besprechung ..."

Plötzlich zerriß ein Schreckensschrei den festlichen Lärm. Mit einem Schlag verstummten Musik und Gelächter, und alles lief wild auseinander. Eltern packten ihre Kinder und rannten wie um ihr Leben; jeder versuchte sich hinter den Wagen und Ständen zu verstecken.

Willow hatte sich mit den anderen unter einen Wagen gedrückt, ohne den Grund für die Aufregung zu kennen. Neugierig blickte er auf den leeren Festplatz, auf dem sich eben noch die Menschen gedrängt hatten. Und dann sah er ihn. Ein großer Kampfhund hetzte mit riesigen Sprüngen durchs Dorf. Sein langer Schwanz peitschte die Erde. Mit seinem glatten, schwarzen Fell, den blutroten Augen und den scharfen Zähnen flößte er Grauen und Entsetzen ein: Er war wie eine Maschine, bereit, sofort zu töten, was sich ihm in den Weg stellte. Die Bestie wühlte sich durch die Hütten und die Stände auf dem Dorfplatz, zerrte Wiegen und Kinderkrippen heraus, suchte wild darin herum und rannte schließlich weiter. Er stieß einen mit Girlanden geschmückten Stand um, verwüstete ihn, bis er zusammenstürzte, und stürmte die Straße hinunter, wo Willow jetzt seine kleine Tochter entdeckte.

„Mims! Mims!" schrie er verzweifelt.

Ein lauter Kriegsruf ließ den Hund mitten im Lauf innehalten. Vohnkar, der oberste Krieger des Dorfes, führte eine Schar von bewaffneten Bergarbeitern und Bauern die Straße entlang. Sie umzingelten den Kampfhund und griffen ihn mit Schaufeln und Pickeln an. Endlich stießen Vohnkar und zwei seiner besten Männer dem Tier ihre Speere in die Brust. Die Bestie starb mit einem Geheul, das ihnen durch Mark und Knochen ging.

Vor Angst halb von Sinnen, rannte Willow die Dorfstraße hinunter, an dem toten Hund vorbei. Atemlos und voller Dankbarkeit schloß er seine kleine Tochter in die Arme und drückte sie fest an sich.

Langsam kehrten nun auch die anderen Dorfbewohner auf den Platz zurück. Noch ganz betäubt schauten sie sich um. Einer hob eine zerbrochene Wiege auf. „Er hat ein Baby gesucht!“ sagte er schaudernd.

Die Bewohner sammelten sich um den bis zur Unkenntlichkeit zerstörten Stand. Alle schwiegen.

Willow, der als einziger wußte, welches Baby der Hund gesucht hatte, sah dem Ganzen mit einem nagenden Schuldgefühl zu.

Mims umklammerte seine Hand, ihre Augen waren immer noch furchtgeweitet. „Und Mami?“ fragte sie mit schwacher Stimme.

Willow fuhr der Schreck in die Glieder. Er suchte Ranon, packte seine Kinder an der Hand und rannte nach Hause.

Willow stieß die Tür zu seiner Hütte auf und schaute sich ängstlich um.

Aber Kiaya stand friedlich am Fenster, das warmes Sonnenlicht in den Raum ließ. Sie gab dem Baby gerade zu essen. Stürmisch nahm Willow sie in die Arme und drückte sie an sich. Dann trat er zurück und sah der lächelnden Kleinen ins Gesicht. Kiaya blickte ihren Mann überrascht und besorgt an.

„Wir können sie nicht behalten, Kiaya“, sagte er leise. „Wir müssen sie zum Dorfrat bringen.“

Kiaya widersprach nicht, da sie an seinem Verhalten spürte, daß etwas Schreckliches passiert sein mußte.

Noch ehe Willow und seine Familie mit dem Baby den Versammlungssaal betraten, konnten sie die lebhafte Debatte drinnen hören. Die Halle, eine alte Mühle, war bis auf den letzten Platz gefüllt. Überall drängte sich unten im Raum die Menge zusammen, und auch seitlich auf zwei Etagen saßen und standen die Dorfbewohner und redeten wild und aufgeregt durcheinander. Der Dorfrat saß auf einem Podium an der Stirnseite des Raumes, der Große Aldwin thronte auf seinem Sitz über ihnen.

Burglekutt, mit der feierlichen Amtskette auf der Brust, stampfte mit seinem Stock auf den Boden.

„Ruhe!“ schrie er. „Ruhe!“

Als sich der Lärm ein wenig legte, rief er: „Eins der Untiere können wir töten. Aber es werden noch mehr kommen. Und sie werden nicht aufgeben, bis sie gefunden haben, was sie suchen!“

Mit dem Baby im Arm versuchte Willow, sich in der dichtgedrängten Menge nach vorne durchzukämpfen.

„Es ist ein Zeichen!“ schrie jemand laut auf.

„Die Dürre kommt über uns! Oder die Pest!“ rief ein anderer.

„Unser Dorf wird vernichtet werden!“

„Wer ist schuld daran?“

Jetzt schrien schon viele andere mit.

„Finden wir den Schuldigen, und werfen wir ihn in die Grube!“

Als Willow den Sinn dieser Worte erfaßte, blieb er stehen. Mit einemmal bekam er Angst vor dieser wilden Menge und ihrem Geschrei. Er drehte sich um und wollte zum Eingang zurück. Aber Aldwin, der über die Menge hinwegblickte, hatte ihn schon entdeckt. Er hob die Hand und zeigte auf ihn.

„Willow Ufgood!“ rief er. Willow bewegte sich nicht mehr. „Komm hierher!“

Die Menge teilte sich. Willow durchquerte mit dem Baby den langen Raum. Kiaya und die Kinder folgten ihm, stellten sich dann aber neben Meegosh.

Im Saal verstummten die Stimmen.

„Du hast vorhin versucht, mich zu sprechen, Willow“, sagte der Große Aldwin in die Stille hinein.

Willow verneigte sich. „Meine Kinder haben dieses Baby im Fluß gefunden, Großer Aldwin.“

Die Menge wurde sofort unruhig, doch der Große Aldwin brachte sie mit einer Geste zum Schweigen. Er legte seine Hand auf den Kopf des Babys.

„Ein Kind der Daikinis ...“, murmelte er. „Ich denke ...“

„Das ist es, was die Untiere suchen!“ schrie Burglekutt laut dazwischen.

Die Menge wich erschrocken zurück. Dann redeten alle halblaut miteinander. Die meisten stimmten Burglekutt zu.

Der nutzte seine Chance und stachelte das Dorf weiter auf: „Wenn sie das Kind haben wollen, müssen wir es ihnen zurückgeben.“

„Aber sie werden das Kind töten“, widersprach Willow. „Ihr habt den Hund gesehen ... Das könnt ihr nicht zulassen!“

„Es ist nicht von uns!“ rief Burglekutt dagegen und heizte damit die Wut der Menge weiter an.

Nur Aldwin schien das Geschrei nicht zu hören. Er war aufgestanden und vor Willow getreten, der im Gesicht des alten Zauberers ängstlich nach einer Reaktion forschte. Aldwin schien in Trance zu sein. Seine Augen waren geschlossen, und es war, als würde er einer fernen Stimme lauschen. Als er endlich sprach, war es so still, daß man das Atmen im Raum hören konnte.

„Dieses Kind muß unser Dorf sofort verlassen. Jemand muß es geradewegs über den Fluß bis zur Wegkreuzung der Daikinis bringen.“

Ein Frösteln überlief die Menge. Alle standen gebannt, bis schließlich jemand die Frage stellte, auf die alle warteten: „Wer soll das tun?“

In diesem Augenblick durchzuckte den dicken Burglekutt ein Gedanke: Wenn Willow diese Aufgabe übernimmt, kommt er vielleicht nicht zurück ... und dann fallen mir seine Felder in den Schoß. Die niedliche Kiaya ist auch keine Gefahr ...

„Es ist nur gerecht“, rief er laut und mit erhobenem Zeigefinger, „daß der Mann, der dieses Baby zur Kreuzung bringt, derselbe sein soll, der es aus dem Fluß gefischt hat. Ich schlage Willow Ufgood vor!“

Er zeigte auf den überraschten Willow. Wilde Schreie der Zustimmung kamen aus der Menge.

„Nein, wartet, ich kann nicht gehen!“ widersprach Willow. „Ich habe meine Ernte noch nicht eingebracht!“

Aldwin beobachtete die erregte Menge eine Zeitlang, dann trat er vor, in seiner gewölbten Hand klapperte es: „Ich werde die Gebeine befragen!“ rief er aus.

Noch ehe jemand es richtig mitbekommen hatte, hatte er eine Handvoll kleiner Tierknochen über den strohbedeckten Fußboden zwischen sich und Willow geworfen. Er beugte sich darüber, als ob er sie betrachten wollte, und flüsterte Willow zu: „Die Knochen sagen mir gar nichts. Aber ich muß eine Entscheidung treffen.“ Er sah ihm tief in die Augen und fragte: „Liebst du dieses Kind denn überhaupt?“

Willow starrte den Großen Aldwin verwundert und bewegungslos an. Dann blickte er auf die Kleine, in ihre unschuldigen Augen, die mit soviel Vertrauen zu ihm aufsahen. Er hörte eine innere Stimme und hob den Kopf. „Ja“, flüsterte er, „ja, wirklich.“

Dann richtete sich Aldwin auf und verkündete: „Die

Gebeine haben gesprochen!" Und mit einer großartigen Handbewegung sagte er: „Willow! Die Sicherheit dieses Dorfes liegt in deiner Hand!"

Willow hatte das Gefühl, das alles nur zu träumen.

„Die Gebeine seien gepriesen!" jubelte Burglekutt, und die Menge jubelte mit ihm.

„Aber du wirst Hilfe brauchen, Willow", fiel es dem Großen Aldwin ein. „Die Welt draußen ist ein gefahrenreicher und verderblicher Ort, und dieses Kind wird von blutrünstigen Tieren gejagt. Ich frage jetzt euch alle: Wer hat den Mut, unseren tapferen Mann hier auf seiner Reise zu beschützen?"

Vohnkar, von seinen zwei starken Kriegern begleitet, machte sich mit den Ellbogen Platz. „Ich werde mitgehen!" sagte er mit fester Stimme.

„Vohnkar! Vohnkar!" schrie die Menge begeistert.

„Nein, nicht Vohnkar", widersprach Burglekutt. „Er ist der beste Krieger im Dorf. Was ist, wenn weitere Untiere kommen? Wir brauchen ihn hier."

„Er muß hierbleiben! Vohnkar muß bleiben!" war das Echo der Menge.

„Was denkt ihr euch eigentlich?" rief Kiaya entsetzt. „Willow kann nicht allein gehen!"

Die Dorfbewohner um sie herum sahen sich schuldbewußt an, aber keiner meldete sich freiwillig.

Schließlich trat Meegosh vor: „Ich werde mit ihm gehen."

„Gut!" sagte Burglekutt, hoch erfreut darüber, die beiden Menschen, die er am wenigsten mochte, los zu sein. „Eine ausgezeichnete Wahl! Die Gebeine seien gepriesen!"

Aldwin warf dem strahlenden Burglekutt einen strafenden Blick zu, dann hob er die Arme und sprach:

„Jetzt braucht dieses Unternehmen nur noch einen Anführer … und so sagten die Gebeine, dieser Anführer … bist du, Burglekutt.“

Das Grinsen schwand schlagartig aus Burglekutts Gesicht. Er beugte sich stirnrunzelnd über die Knochen. Dann schaute er zu Aldwin auf, der feierlich nickte.

Burglekutt starrte über die Menge hinweg. „Vohnkar!“ schrie er.

Früh am nächsten Morgen trafen sich Willow, Meegosh und Burglekutt mit Vohnkar und zwei von seinen Kriegern im Wald bei dem hoch aufragenden Druidenstein auf dem Heiligen Hügel. Wie immer entspannte sich Willow in der Atmosphäre der heiligen Stätte, und dieser Morgen war besonders schön: Die Sonnenstrahlen schienen auf den frischen, jungen Buchenblättern zu tanzen, der Boden war warm, und bei jedem Schritt sank man leicht in die tiefen Lagen aus vergilbten Blättern, Fichtennadeln und Moos. Der Wind trug den Geruch von Holz, Kräutern und Gräsern heran. Es war ein friedliches Bild. Doch die Männer hatten keinen Blick für die Natur. Bedrückt und wortlos packten die Reisenden ihre Vorräte ein und nahmen von ihren Familien Abschied. Nach und nach erschienen auch immer mehr Dorfbewohner, und zuletzt trat der Große Aldwin unter sie.

Kiaya, mit einem Kopftuch über ihrem langen, goldenen Haar, wiegte das Baby ein letztes Mal in den Armen. Willow, der über seine blaue Jacke noch einen dicken braunen Reiseumhang geknotet hatte, sah zu den fernen, nebelverhangenen Bergen hinüber. Hier im Tal war es schon Frühling, aber dort oben lag sicher noch Schnee. Und was sie jenseits der Berge erwarten würde, konnte Willow nicht einmal ahnen.

Mims hielt seine Hand fest. „Hast du Angst, Dada?“ fragte sie.

„Nein“, sagte Willow so unbesorgt, wie er nur konnte.

„Auch nicht vor den Waldelfen, die dich in einen hundertjährigen Schlaf versetzen?“ fragte Ranon, der Willows Geschichten über die Gefahren des Waldes liebte, weil sie so schön gruselig waren.

„Stör mich jetzt nicht!“ murmelte Willow, während er weiter seine Sachen packte.

„Und vor Brownies?“ fragte Ranon gespannt weiter.

„Und Drachen?“ wollte die kleine Mims wissen.

„Trolle!“ fiel es jetzt Ranon ein. „Trolle, die dir bei lebendigem Leib die Haut abziehen und dir das Gesicht wegnehmen und ...“

„Ranon!“ rief Willow laut. Er holte tief Luft. „Du weißt, daß ich Trolle hasse ...“

„Ich könnte deine Wache sein!“ schlug Ranon im Übereifer vor. „Ich könnte deinen Speer tragen.“

„Ich auch!“ quiekste Mims dazu. „Ich auch!“

Willow drückte seine Kinder lächelnd an sich. „Was bin ich doch für ein glücklicher Vater! Ich wünschte, ich könnte euch beide mitnehmen.“ Er beugte sich zu ihnen herunter und flüsterte: „Paßt gut auf eure Mutter auf. Sie soll sich keine Sorgen um mich machen. Mir wird schon nichts passieren.“

Er küßte sie beide und richtete sich wieder auf.

Schweigend stand Willow daneben, als Kiaya das Baby in das Traggestell legte, das er auf dem Rücken tragen sollte.

„Wir waren noch nie getrennt“, sagte Kiaya. „Du fehlst mir jetzt schon.“

„Keine Angst, Kiaya.“ Willow versuchte, sie zu beruhigen, aber ebenso auch sich selbst, denn noch nie hatte er sich so weit und für so lange Zeit von seinem Zuhause entfernt. „Ich bin schneller zurück, als du denkst."

Kiaya küßte die Kleine zum letztenmal, dann sah sie ihrem Mann in die Augen. „Denk daran, sie warm zu halten. Hier, das wird dir Glück bringen." Sie drückte ihm etwas in die Hand. Willow nahm es und erstaunte darüber: Es war ein schmaler Zopf von ihrem Haar.

„Du hast dein Haar abgeschnitten?" fragte Willow bewegt. Ungläubig betrachtete er ihren Kopf, den sie unter dem Tuch versteckt hatte. Das schöne Haar! Er umarmte sie voller Liebe und Dankbarkeit.

„Also gut, tapfere Männer!" rief nun der Große Aldwin. „Die Außenwelt ist kein Ort für einen Nelwyn. Gebt das Kind dem ersten Daikini, den ihr seht, dann kommt schnell wieder nach Hause."

Die kleine Schar der Reisenden sah zu, wie der Große Aldwin einen Stein hochhielt und dazu sang: „Tuatha ... lokwatthrak ... tuatha!" Er warf den Stein in die Luft. Vor ihren verwunderten Augen verwandelte er sich in einen Vogel. „Geht in die Richtung, die der Vogel fliegt!" rief er.

Verwirrt beobachteten die Weggefährten, wie der Vogel in der Luft einen Halbkreis flog.

„Er fliegt zum Dorf zurück", stellte Burglekutt fest.

Aldwin kratzte sich am Kopf. „Beachtet ihn nicht!" sagte er gereizt. „Geht dem Fluß nach!"

„Also gut, Männer!" Burglekutt klatschte in die Hände.

„Wir brechen auf!" befahl Vohnkar, der nicht auf Burglekutt hörte.

Als die übrigen schon den Hügel hinuntergingen und die zurückbleibenden Dorfbewohner ihnen noch nachwinkten, legte Aldwin Willow die Hand auf die Schulter und nahm ihn beiseite.

„Was ist dein Problem, mein Sohn?“ flüsterte er.

„Was meint Ihr?“ fragte Willow verständnislos.

Aldwin schien ungeduldig. „Als ich gestern die Finger hochhielt, was war da dein erster Gedanke?“

Verlegen sah Willow zu Boden. „Etwas ganz Dummes ...“, murmelte er undeutlich.

Aldwin schüttelte ihn sanft. „Sag es mir einfach!“

„Ich wollte meinen eigenen Finger wählen“, sagte Willow endlich.

Zufrieden nickte Aldwin, denn das wäre die richtige Antwort gewesen.

„Dir fehlt der Glaube an dich selbst, Willow“, sagte er sanft. Er zog eine kleine Flasche voll Honigwein heraus. „Einen Schluck?“

„Nein.“ Willow schüttelte den Kopf. Er versuchte immer noch zu verstehen, daß sein erster Gedanke eigentlich richtig gewesen war.

Aldwin nahm selbst einen kurzen Schluck und steckte die Flasche wieder weg.

„Mehr als irgend jemand sonst in diesem Dorf“, sagte er, „hast du die Fähigkeiten zu einem großen Zauberer.“

Willow starrte ihn mit noch stärkerer Überraschung an, aber Aldwin sprach schon weiter: „Wenn du jetzt da hinausgehst, hör auf dein eigenes Herz. Du mußt lernen, deinem Gefühl zu vertrauen. Sieh her: Das hier wird dich beschützen.“ Er holte drei kleine Gegenstände aus der Tasche und ließ sie in Willows Hand fallen.

„Eicheln?“ fragte Willow ungläubig.

„Sie haben Zauberkraft“, sagte Aldwin und wurde wieder ungeduldig. „Wenn du sie wirfst, wird alles, was du triffst, zu Stein.“

„Ufgood!“ brüllte Burglekutt den Hügel herauf. „Beeil dich, du fauler Nichtsnutz!“

„Am liebsten würde ich jetzt gleich eine nach Burglekutt werfen", murmelte Willow zwischen den Zähnen.

„Ich weiß, wie dir zumute ist", sagte Aldwin. „Aber wenn du die Zauberei zum Bösen benützt, wirst auch du böse. Du hast noch viel zu lernen, kleiner Ufgood." Er klopfte ihm auf die Schulter und lächelte ihm zum Abschied zu.

Willow erwiderte das Lächeln und machte sich auf, den andern nachzugehen.

„Willow!" rief ihm Kiaya zu. Sie rannte ihm den Hügel hinunter nach, warf sich in seine Arme und küßte ihn stürmisch, mit Tränen in den Augen. Dann ließ sie ihn wieder los und sah ein letztes Mal die Kleine an. „Daß ihr ja nichts passiert!" sagte sie.

Willow nickte nur. Er war zu sehr von Gefühlen bewegt, um noch etwas zu erwidern. Er rückte die Trage mit dem Baby auf seinem Rücken zurecht, winkte seinen Kindern zu und machte sich auf die weiteste Reise seines Lebens.

Im Land der Daikinis

Einen ganzen Tag lang war die kleine Nelwyn-Expedition nun schon unterwegs.

Allen voran spazierte der dicke Burglekutt und trug nichts anderes als seinen Wanderstock. Vohnkar und seine zwei Männer folgten ihm mit ihren Speeren über der Schulter. Dann erst kamen Meegosh und Willow, die alle Lasten und Vorräte auf ihrem Rücken schleppten wie geduldige Maulesel. So schwer beladen waren sie, daß sie kaum einen Blick für die Umgebung übrig hatten.

Zu Anfang waren sie einem Pfad gefolgt, der sie durch einen lichten Wald aus Buchen und Birken führte. Mühsam bahnten sich die Nelwyns jetzt ihren Weg durch immer dichter werdendes Unterholz, und am Abend des ersten Tages hatten sie den Rand des düsteren Nadelwaldes erreicht, der bis hinauf in den nebelverhangenen Himmel zu reichen schien. Willow war müde. Und nun fing das Baby auf seinem Rücken zu weinen an.

Willow setzte das Tragegestell ab und wollte gerade die Tücher, in die das Baby gewickelt war, auseinanderschlagen, als es in den Büschen zu seiner Rechten laut knackte. Und ehe er sich vom ersten Schrecken erholt hatte, stand ein riesiger Bär vor ihm — kaum einen Steinwurf entfernt. An Flucht war nicht zu denken. Der Bär machte Anstalten, sich auf seinen Hinterbeinen aufzurichten. Aber Vohnkar und seine Krieger hoben bereits mutig ihre Speere gegen ihn, und der Bär, von den Eindringlingen ebenso überrascht wie diese selber, gab ihnen den Weg frei und stapfte brummend in den Wald zurück.

Willow hatte ganz weiche Knie. „Wir müssen eine Rast einlegen!" sagte er.

„Eine Rast einlegen?" fragte Vohnkar. „Wieso?"

„Die Kleine ist krank", antwortete Willow.

„Sie ist nicht krank", sagte Burglekutt ungeduldig, der so schnell wie möglich aus der Nähe des Bären wegkommen wollte. „Laß mich mal sehen!"

Er trat hinter Willow und nahm das Baby aus dem Rückenbeutel. Als das Kind ihn so nah vor sich sah, bekam es vor Schrecken einen Schluckauf und atmete ihm übelriechende Luft mitten ins Gesicht. Angewidert wandte sich Burglekutt zur Seite.

Meegosh wurde bang ums Herz. „Stirbt sie jetzt?“ fragte er verzweifelt.

„Wenn sie etwas Ruhe hat, geht es ihr gleich wieder gut“, beruhigte ihn Willow und nahm Burglekutt die Kleine ab. Diesmal widersprach niemand mehr, und so schlugen die Nelwyns also ihr erstes Nachtlager auf.

Über einem kleinen Feuer wurden Fische gebraten. Nach dem Essen setzten sie sich alle zusammen auf einen Baumstamm, nahe am Feuer und eng beieinander, denn die Nachtluft zog schon kalt herauf. Niemand sprach. Meegosh spielte leise auf seiner Flöte, und Willow, die Kleine in seinen linken Arm gebettet, wischte von Zeit zu Zeit sanft über das fieberheiße Gesicht und sang ein Schlaflied dazu.

„Dir geht's schon besser, nicht wahr?“ fragte er leise und lächelte sie aufmunternd an.

Draußen in der finsteren Ferne hörten sie ein Geheul wie von einem Wolf oder einem Kampfhund. Ängstlich und erschrocken blickten sie sich an. Sie rückten noch enger zusammen und zum flackernden Feuer hin, und die nächtliche Dunkelheit um sie herum wurde immer tiefer und undurchdringlicher.

Am nächsten Morgen brachen sie wieder auf. Jetzt wurde dem kranken Baby zuliebe öfter eine Rast eingelegt. Sie kletterten durch den fast lautlosen Wald mit den gigantischen moosbewachsenen Fichten, von denen unablässig feine Wassertropfen herunterfielen. Der Nebel nahm die kleine Reisegesellschaft auf, die ganz nah beieinanderblieb. Dann lichtete sich der Wald, und immer öfter lagen schroffe, flechtenbedeckte Felsbrocken in bizarren Formen auf ihrem Weg.

Plötzlich hörte der Wald auf, und die Nelwyns versanken fast bis zum Bauch im Schnee.

Burglekutt machte halt. „Wir gehen jetzt keinen Schritt mehr weiter!“ Er sprach allen aus der Seele, als sie da frierend inmitten von Nebelfetzen im kalten Schnee standen.

Auch Willow hätte in diesem Moment am liebsten aufgegeben, aber Vohnkar war schneller. „Kommt gar nicht in Frage“, widersprach er Burglekutt gereizt. „Von mir aus könnt ihr hier etwas ausruhen. Aber ich gehe noch ein Stück voraus. Kommt, meine Männer!“ kommandierte er die beiden Krieger zu sich, und ehe noch jemand Bedenken äußern konnte, hatte der Nebel sie bereits verschluckt.

„Und wenn sie nicht zu uns zurückfinden?“ fürchtete Meegosh.

„Dann kommen wir leichter zurück als sie.“ Damit bewies Burglekutt mal wieder seinen Charakter.

Willow war zu müde, um lange zu streiten. Er hockte sich auf seinen Umhang und fiel sofort in einen tiefen Schlaf ...

Laute Stimmen weckten Willow. Noch halb im Schlaf, sprang er auf, bereit, das Baby zu verteidigen. Aber das war gar nicht nötig. Vohnkar und seine Krieger kamen aufgeregt auf die Gruppe zugestürmt.

„Kommt! Das müßt ihr gesehen haben!“ riefen sie, und Willow, Meegosh und Burglekutt folgten ihnen neugierig.

Es war wie ein Wunder.

Eben noch war der Nebel fast undurchdringlich gewesen. Und einen Schritt später standen sie bereits in der gleißenden Sonne auf einem funkelnden Schneefeld, das nach Süden hin abfiel und den Blick frei ließ auf das großartigste Panorama, das die Nelwyns je gesehen hatten. In sanften Wellen neigte sich der schneebedeckte

Hang in strahlendem Glanz der Sonne zu. Schluchtenreiche Flüsse und weitgeschwungene Täler waren zu sehen, und weit in der Ferne schimmerte das Meer.

Das beste aber war, daß sie auf einer Straße standen. Die Nelwyns folgten ihr.

Als die Sonne am höchsten stand, hielten sie an und aßen am Straßenrand von ihren Vorräten zu Mittag. Willow spürte jetzt keine Erschöpfung mehr und war guter Dinge, denn er wußte, daß sie in das Land der Daikinis gekommen waren. Ihre Reise würde nun wohl bald zu Ende sein.

Als er nach dem Essen der Kleinen geduldig und sanft die Windel wechselte, hörten sie plötzlich den Hufschlag von Pferden, die die Straße entlangkamen. Gerade noch konnte er das Kind hochnehmen und mit seinen Gefährten die Straßenböschung hinunterkriechen. Das Baby verbarg er schützend unter seinem Körper und machte sich so klein wie möglich.

Ein Trupp der gefürchteten Nockmaar-Soldaten in voller Rüstung kam aus der Richtung ihres Dorfes auf sie zugedonnert, und nebenher rannten zwei Kampfhunde, denen die lechzenden roten Zungen aus dem geifernden Maul hingen. Die Soldaten hielten kurz vor Willows Versteck an. Aus der anderen Richtung ritt ihnen ein einzelner Soldat entgegen, er schien ein Offizier aus Bavmordas Armee der Schwarzen Reiter zu sein. Er zügelte seinen kraftvollen Rappen und sprach einen der Soldaten an, während die andern schon wieder weiterstürmten.

„Die Nelwyns haben das Baby“, berichtete der Soldat. „Wir haben ihr Dorf durchsucht, aber vergeblich. Eine Gruppe von ihnen ist irgendwo hier auf dieser Straße.“

„Findet sie!“ befahl der Offizier knapp und mit drohendem Ton. „Dehnt die Suche aus! Meldung an Sorsha!“

Dann gaben beide ihren Pferden einen Hieb mit der Peitsche und galoppierten davon. Starr vor Entsetzen, blieben die Nelwyns zusammengekauert liegen, bis die Reiter nicht mehr zu sehen und zu hören waren.

„Wir müssen zurück!“ rief Willow, der vor Angst wie von Sinnen war und das Baby fest an sich drückte.

Meegosh, sein Freund, nickte benommen. „Wir nehmen das Baby wieder mit.“

„Dann führen wir diese Soldaten direkt ins Dorf!“ widersprach Vohnkar energisch. „Sie werden dort alles zerstören. Unser Befehl lautet auch: Geht zur Kreuzung! Also, kommt! Wir bleiben von nun an besser im Wald!“

Mit ängstlichen Blicken auf die Straße packten sie ihre Sachen wieder ein. Willow steckte das Baby in den Tragebeutel, und geduckt machten sie sich auf ins schützende Unterholz.

Es war mühsam und beschwerlich, dort vorwärts zu kommen. Immer wieder versperrten ihnen Felsbrocken und weitverzweigtes, dichtes Gestrüpp den Weg. Willow trug das Kind nun vor seiner Brust und schützte es sorgsam mit beiden Armen. Das Gepäck hatte er auf den Rücken geladen. Und als sie durch einen schmalen, aber trüben Fluß waten mußten, hielt er das Baby hoch über seinem Kopf. Langsam und vorsichtig tastend, setzte er Fuß vor Fuß. Er spürte, wie seine Arme von der Anstrengung allmählich lahm wurden. Seine Schultern schmerzten. Plötzlich sprang vor ihm ein Frosch hoch, und Willow erschrak so sehr, daß er auf den Steinen ausrutschte und ins Wasser fiel. Aber noch immer hielt er das Baby mit gestreckten Armen nach oben. Meegosh half ihm, wieder aufzustehen und das Ufer zu erreichen.

Wenig später mußten sie den schützenden Wald verlassen und ihren Weg über die Hügel eines weiten Bergtals suchen. Der Tag ging langsam zu Ende, und der Himmel über ihnen war schon von goldenen Wolkenstreifen durchzogen. Erschöpft und außer Atem, erreichten sie die letzte Anhöhe. Da blieb Vohnkar endlich stehen und zeigte nach unten.

„Da ist sie. Die Kreuzung."

Nur langsam gingen sie weiter. Voran die Krieger mit ihren kleinen Speeren, Vohnkar an der Spitze. Dann kam der dicke Burglekutt. Und schließlich Meegosh und Willow, die jetzt zwischen sich einen langen Stock auf den Schultern trugen, an dem die schweren Beutel mit ihren Vorräten baumelten. Willow hatte das Baby wieder auf dem Rücken. Vorsichtig und ängstlich näherten sie sich der Kreuzung: Denn von diesem Ort erzählte man sich die seltsamsten Dinge.

Vohnkar und die zwei Krieger des Dorfes wagten sich als erste auf die Kreuzung hinaus und sahen sich prüfend um. Ihnen wurde zunehmend unheimlicher.

Vor den kleinen Nelwyns erhob sich, fest nach den Seiten abgestützt, ein riesiges Balkengerüst, das ihnen wie ein hoher Galgen erschien. An Stricken und Ketten hingen zwei verrostete, runde Käfige, so groß, daß darin auch ein Daikini Platz gehabt hätte. In einem Käfig saß, von den Fetzen seiner Kleidung halb bedeckt, ein zusammengefallenes Skelett. Der eine Arm hing aus dem Gitter heraus, und es war, als zeigten die Finger zu Boden. Im andern Käfig sahen sie nur einen Haufen alter Lumpen. Rund um den Galgen lagen Knochen auf der Erde verstreut. Tierschädel, noch mit Hörnern, aber auch Totenköpfe und gebleichte Knochen, die wohl von verurteilten Sträflingen stammten. Eine unnatürliche Stille herrschte hier, nur einige Fliegen summten um die Käfige herum, die sich leise im Wind drehten. In der Ferne sahen die Männer die verschneiten Gipfel der Berge.

Vohnkar wollte diesen grauenerregenden Ort nicht genauer untersuchen und rief den anderen zu: „Alles in Ordnung. Ihr könnt kommen."

Zögernd und mit vor Entsetzen geweiteten Augen traten Willow und Meegosh aus den Büschen am Wegrand auf die Kreuzung. Sie schauten die verlassene Straße entlang, sahen die Käfige und die herumliegenden Gebeine, und über ihre Rücken lief ein Schauer. Die kleine Gruppe blieb möglichst dicht zusammen.

„Wo ist Burglekutt?" fragte plötzlich Willow. Sie blickten sich ängstlich suchend nach ihrem Anführer um, konnten ihn aber nicht entdecken. Schließlich fanden sie ihn im Gebüsch wieder, wo er sich noch immer versteckt hielt, zitternd und den Kopf unter den Armen verborgen. Erleichtert atmete Willow auf.

Trotz des Grauens, das von diesem Ort ausging, legten sie in der Nähe des Galgens ihre Lasten ab und bereiteten ein Nachtlager vor, denn schon ging hinter den weißen Bergen die Sonne unter. Aus Feuerstein schlugen Vohnkar und seine Männer ein paar Funken und eine kleine Flamme, bliesen vorsichtig, bis sie kräftig brannte, und zündeten damit ein wärmendes Lagerfeuer an. Meegosh packte die Essensvorräte aus. Willow hatte seinen Tragbeutel abgenommen und mit Zweigen und Gras eine notdürftige Wiege gebaut. Umsichtig legte er das Baby hinein und deckte es zum Schutz vor der Nachtkälte mit Tüchern zu. Alle waren froh über die tiefe Dunkelheit, die sie jetzt umgab und die auch die Welt um sie herum verhüllte: die beiden Eisenkäfige, dieses schreckliche Zeugnis für die Grausamkeit der Daikinis.

Eng nebeneinander um ihr kleines Feuer sitzend und schweigend, horchten sie auf die Geräusche der Nacht. Grillen zirpten, Eulen und Uhus schrien, und weit entfernt heulten Wölfe.

Willow beugte sich lächelnd über das Baby und flüsterte: „Es wird noch alles gut, mein kleines Mädchen."

Da plötzlich, keiner wußte woher, hörten sie aus der schwarzen Dunkelheit ein weiteres, ein schreckliches Geräusch. Es klang wie ein heiseres Stöhnen, wie eine verzweifelte, wortlose Stimme. Willow war im gleichen Augenblick auf den Beinen und versuchte angestrengt im Dunkeln zu erkennen, woher diese Laute kamen. Ängstlich blickte er nach allen Seiten, fiel fast über einen Knochen am Boden und stolperte erschreckt rückwärts bis unter den Eisenkäfig, in dem die Lumpen lagen.

Mit einemmal bewegte sich der Stoffhaufen am Käfigboden. Im gleichen Augenblick kam eine menschliche Hand zwischen den Gittern hervor, packte Willow an seiner Jacke, drehte ihn herum und zerrte ihn mit einem Ruck hoch, so daß er laut aufschrie. Mit beiden Händen hielt er sich am Gitter fest, während seine kleinen Beine hilflos in der Luft zappelten. Unten fing das Baby zu weinen an. Die anderen Nelwyns waren vor Schreck aufgesprungen und sahen nun stumm und starr vor Angst, was mit Willow geschah.

Aus dem Haufen alter Kleider tauchte hinter den Gitterstäben jetzt das Gesicht eines Mannes auf. Es leuchtete seltsam rötlich im Schein des Lagerfeuers, und besonders stark glühten seine zornigen, dunklen Augen, die von Willow zu den anderen Nelwyns wanderten. Zwischen den Augenbrauen standen zwei strenge Falten.

„Gib mir Wasser, Zwerg, oder du stirbst!" zischte es dann plötzlich aus dem Mund.

„Sofort — ja, ja — Wasser — alles, was du willst!“ keuchte Willow und schnappte verzweifelt nach Luft.

Der Gefangene ließ ihn los, und Willow fiel zu Boden. Aber schnell rappelte er sich wieder hoch, rannte zu dem Baby, nahm es auf den Arm und lief damit zu Vohnkar und seinen Kriegern hinüber, um bei ihnen Schutz zu suchen. Sie hielten schon ihre Speere in der Hand und streckten aus sicherer Entfernung dem Mann im Käfig die glänzenden Spitzen entgegen.

„Ihr wieseligen kleinen Zwerge!“ knurrte der Gefangene zwischen den Zähnen. „Gebt mir Wasser!“

Wütend wie ein wildgewordenes Tier, sprang er in dem engen Gehäuse umher und schlug dabei mit dem Kopf und den Armen immer wieder an die scharfen Eisenkanten, so daß der ganze Käfig quietschend hin und her schwankte. Dann streckte er seinen langen Arm durch die Gitterstäbe, als ob er Willow wieder packen wollte. Erschrocken sprangen die Nelwyns noch ein paar Schritte zurück, und Vohnkars Männer schüttelten wieder drohend ihre Speere. Nun aber brach der Gefangene in seinem Käfig zusammen, sank erschöpft auf den Gitterboden und bewegte sich nicht mehr. Bei der plötzlichen Ruhe wurde den Nelwyns noch unheimlicher zumute als vorher.

„Das ist ein Daikini“, ließ sich dann auf einmal Burglekutt vernehmen, dem eine Idee gekommen war. „Wir haben Glück! Wir sind am Ziel!“

Willow drückte die Kleine fester an sich und machte entsetzt einen Schritt zurück. „Wir können sie dem doch nicht geben“, sagte er empört.

Auch Meegosh war dieser Meinung: „Man wird ihn nicht ohne Grund da eingesperrt haben.“

Aber Burglekutt gab noch nicht nach. „Ufgood“, forderte er ihn mit einer ungeduldigen Handbewegung auf, „wir müssen sie doch loswerden. Und schließlich sind auch diese Soldaten schon hinter uns her."

„Pst!" bedeutete ihm Meegosh mit einem Blick auf den Gefangenen, der sich gerade wieder bewegte. „Er schaut genau zu uns herüber."

Auf Anhieb wurden sie still und beobachteten gebannt den Mann im Käfig. Er hob den Kopf, wischte sich mit dem schmutzigen Ärmel über das Gesicht und versuchte, die Nelwyns freundlich anzugrinsen. Wahrscheinlich hatte er gehört, was sie miteinander gesprochen hatten.

Vohnkar wußte nicht recht, was weiter geschehen sollte, aber er drängte auf eine Entscheidung und meinte: „Irgend jemand müssen wir sie aber geben."

„Ich bin jemand", hörten sie da den Gefangenen im Käfig sagen. Eifrig steckte er das Gesicht zwischen die Gitterstäbe und schob eine Hand heraus. „Laßt mich heraus, und ich kümmere mich um euer Baby!" Die vertrockneten Lippen schlossen und öffneten sich einige Male und brachten etwas wie Kußlaute hervor.

Die Kleine in Willows Armen nahm dies wahr, sah zu ihm hinüber und lächelte ihn an.

„Seht ihr das? Sie mag mich!"

Die Nelwyns waren verwirrt. Sie drehten dem Mann im Käfig den Rücken zu und steckten die Köpfe zusammen, um sich untereinander zu beraten.

„Also ich", erklärte Burglekutt, ohne zu zögern, „ich habe volles Vertrauen zu ihm."

„Aber er wollte mich erwürgen!" wandte Willow ein.

„Ich will endlich wieder nach Hause!" jammerte Burglekutt. Und das klang gar nicht so, als wäre er ihr Anführer.

Plötzlich deutete Meegosh aufgeregt die Straße hinunter. „Da kommen Daikinis!“ rief er aus.

Gespannt, aber nicht ohne Angst, hoben sie die Köpfe, konnten jedoch in der Dunkelheit nur die winzigen Lichter einiger Fackeln erkennen. Dann hörten sie das Getrappel von Pferden, die einen Wagen zogen, das Quietschen der Räder und das Lärmen betrunkener Männer. Kurz darauf tauchte der Wagen auf. In rasender Fahrt stürmten die Pferde die Straße entlang, so daß sich der Wagen in der Kurve bedrohlich zur Seite legte. Im letzten Augenblick retteten sich die kleinen Nelwyns mit einem Sprung in die Büsche. Bei den Käfigen hielt der Wagen an, die Pferde blieben schnaubend stehen.

Auf dem Wagen torkelten vier laut grölende Gestalten mit Fackeln in der Hand herum, grobe, tätowierte Männer vom Stamm der Erdhöhlenbewohner. Sie schwankten so sehr, daß sie herunterzufallen drohten. Einer beugte sich vor und hielt lachend seine Fackel in den Käfig mit dem Skelett, das sofort lichterloh brannte. Dann wandten sie sich dem zweiten Käfig zu, um auch ihn anzuzünden.

„Nein!“ schrie der Gefangene entsetzt. „Hilfe! Hört auf!“

Das konnte die wilden Gesellen aber nicht aufhalten. Sie stießen mit ihren Fackeln immer wieder in den Käfig, bis die Stofflumpen Feuer fingen. Dann war erneut ihr schauriges Gelächter zu hören, und samt Wagen und Pferden verschwanden sie wieder in der Nacht.

Wild um sich schlagend, versuchte der Gefangene verzweifelt, das Feuer im Käfig auszutreten, mit bloßen Händen schlug er nach den Flammen, die schon seine Kleidung erfaßten. „Eine schöne Hilfe seid ihr, ihr Zwerge“, brüllte er die Nelwyns an.

Willow und seine Gefährten zögerten nicht länger. So schnell sie konnten, kamen sie aus ihrem Versteck gekrochen, liefen zu dem Gefangenen und bewarfen ihn und die Flammen so lange mit Erde, bis das Feuer endlich gelöscht war.

„Geht es dir gut?" fragte der freundliche Meegosh mit einem besorgten Blick auf den Daikini.

„Mir? Mir ist es noch nie so gutgegangen!" erwiderte der Gefangene bitter und schüttelte sich. „Die wollten mich anzünden!" Er klopfte sich die verbrannte Asche von den Kleidern, rieb seine angesengten Arme und spuckte einen Mundvoll Erde weit aus dem Käfig. „Wollt ihr vielleicht denen euer Baby geben?" Er deutete mit einer Kopfbewegung in Richtung der vier Gestalten. „Die fressen Babys!"

Jetzt hatte Burglekutt genug. „Das reicht", sagte er befehlend. „Wir müssen hier weg. Wir werden ihm das Baby geben."

Der Gefangene nickte dazu eifrig mit dem Kopf. „Eine gute Entscheidung", lobte er.

„Nein, Burglekutt", ermahnte Willow bestimmt, „wir sollten warten."

Der dicke Burglekutt richtete sich groß auf und sprach von oben herab: „Mißachtest du meine Autorität?"

Aber Willow blieb standhaft: „Soweit es dieses Baby betrifft — ja!"

„Hör nicht auf ihn, Burglekutt!" rief es aus dem Käfig.

Scheinbar hilflos hob Burglekutt die Arme und ließ sie wieder fallen. „Also gut", wandte er sich an Willow, „du bleibst hier allein. Aber wir gehen zurück!"

„Warte!" Der Gefangene war unzufrieden. „Nicht gut! Schlechte Idee!"

Willow wußte nicht mehr, was er tun sollte. „Vohnkar?“ Er wollte den Krieger bitten, ihm weiterzuhelfen.

„Er hat hier nicht zu entscheiden!“ fuhr Burglekutt dazwischen und stapfte davon, bevor Willow noch antworten konnte.

„Burglekutt“, rief Willow ihm verärgert nach, „du bist ein Haufen Trollkacke!“

Meegosh erschrak. „Willow!“ wies er den Freund zurecht. Noch nie hatte er ihn so aufgebracht erlebt. Und noch dazu gegenüber dem Dorfältesten!

„Du kannst doch nicht dulden, daß er so mit dir spricht, Burglekutt!“ drängte der Mann im Käfig wieder.

„Du hältst dich da raus!“ fuhr Willow ihn an. Er war nun richtig in Zorn geraten.

„Laßt mich doch endlich raus hier!“ schrie der Gefangene und schüttelte die Faust in Willows Richtung. „Ich werde ihn dann schon überzeugen!“

Da kam Burglekutt wieder zurück, ging auf Willow zu, und die kalte Wut stand ihm im Gesicht geschrieben. „Hör zu, du Mondkalb!“ blaffte er ihn an. „Während du hier deine Zeit vertust, liegen zu Hause deine Felder brach. Darüber solltest du mal nachdenken!“

Willow wußte, daß Burglekutt an seinen Feldern interessiert war. „Burglekutt, ich werde ...“, fing er an, aber in seinem maßlosen Ärger wußte er nicht weiter.

Burglekutt streckte, so weit er konnte, die Brust über seinem dicken Bauch heraus und sah Willow spöttisch an. „Was wirst du?“ lachte er höhnisch.

„Eines Tages, Burglekutt, eines Tages ...“, drohte Willow leise.

Aber Burglekutt hörte schon nicht mehr zu. „Vohnkar, wir gehen!“ befahl er und machte sich auf den Weg.

Vohnkar wandte sich, bevor er ihm folgte, zu Willow und seinem Freund Meegosh zurück. „Kommst du mit, Meegosh?“ fragte er.

Meegosh war einen Augenblick unschlüssig. Er sah von einem zum andern, auf Vohnkar und wieder auf seinen Freund mit dem Baby, und kaute auf seiner Unterlippe. Dann entschied er: „Ich bleibe.“

Burglekutt ließ noch einmal sein verächtliches Lachen hören und trat mit Vohnkar und seinen Männern den Heimweg an.

„Burglekutt! Leute!“ schrie ihnen der Gefangene nach. „Laßt mich doch nicht mit den beiden da allein! Helft mir raus! Gebt mir wenigstens was zu trinken!“

Aber niemand antwortete ihm mehr. Es war wieder still geworden. Nur der Wind rauschte über die Ebene und durch die Blätter der Bäume. Nachdenklich sah Willow vor sich hin auf die Straße und wiegte das Baby, das ihn mit großen Augen anblickte, sanft in seinen Armen.

„Was machen wir jetzt, Willow?“ fragte Meegosh den Freund mit unsicherer Stimme.

Willow schüttelte langsam den Kopf. „Ich weiß es auch nicht.“

Da hörten sie wieder den Gefangenen in seinem Käfig. „Das war ganz schön dumm von dir, Zwerglein!“ höhnte er heraus.

„Sag nicht ‚Zwerglein‘ zu mir!“ Willows Augen blitzten wütend.

„Zwerglein!“ wiederholte der Gefangene spöttisch. „Zwerg! Zwerg!“

Willow fühlte sich beleidigt und verletzt. Unbesonnen faßte er in seine Tasche und holte die Zaubereicheln heraus, die ihm der Große Aldwin mitgegeben hatte. „Paß bloß auf!“ drohte er voller Zorn und zeigte sie dem

Mann. „Ich bin ein mächtiger Zauberer. Wenn ich mit dieser Eichel nach dir werfe, wirst du in Stein verwandelt."

„Du machst mir richtig angst, Zwerglein!" Er versuchte, seinem Gesicht einen ängstlichen Ausdruck zu geben. „Los doch! Worauf wartest du noch?"

Willow betrachtete die Zaubereicheln in seiner Hand. Es reizte ihn, sie auszuprobieren. Doch dann mußte er an Aldwin denken. Deutlich sah er ihn vor sich: wie er ihn davor gewarnt hatte, die Zauberkräfte zu Bösem zu mißbrauchen. Ein halbverhungerter, halbverdursteter Daikini in einem eisernen Käfig, der ihn nur beleidigen wollte, war wirklich keine ernste Gefahr, der er mit Zauberei begegnen mußte. „Ich werde sie doch nicht verschwenden", murmelte er ein wenig verlegen, nachdem er zuvor so geprahlt hatte. Dann steckte er sie wieder in die Tasche zurück.

Der Daikini lachte, sprang zwischen den Stäben herum und brachte den ganzen Käfig zum Schaukeln. „Zwerglein!" krähte er mit einer Stimme, als ob er singen wollte. „Zwerg! Zwerg! Zwerg! Zwerg! Zwerglein!"

Willow wollte sich nicht von neuem reizen lassen. Er und Meegosh zogen sich in die Dunkelheit zurück, um sich nach all den Abenteuern dieser Nacht schlafen zu legen. Willow hatte das Baby im Arm und wiegte es leise in den Schlaf, während er mißtrauisch den Käfig im Auge behielt.

Unter dem fortdauernden Geschrei des Gefangenen schliefen sie dann allmählich ein.

Madmartigan

Hufschläge, die von ferne näher kamen, hatten die beiden Freunde geweckt. Sie öffneten die Augen und sahen blinzelnd in die ersten Sonnenstrahlen des frühen Morgens. Da hörten sie die Pferdehufe auch schon laut und dröhnend. Satteltaschen klatschten, und das Metall einer Rüstung klirrte im Rhythmus des rasenden Galopps. Ein reitender Bote brauste die Straße herauf, war im nächsten Augenblick schon an den beiden Nelwyns vorbei und stürmte über die Kreuzung ins Tal hinunter.

Erschrocken sahen sich Willow und Meegosh an.

„Was war das?" fragte Meegosh und richtete sich verwundert auf.

„Guten Morgen, Freunde", rief ihnen der Gefangene aus dem Käfig zu. Seine Stimme war noch etwas rauh, aber es war deutlich zu hören, daß sie freundlich und schmeichelnd klingen sollte. Vielleicht würde es ihm ja mit Liebenswürdigkeit eher gelingen, befreit zu werden, als mit seinen Grobheiten. „Eine kalte Nacht, nicht wahr?" fügte er hinzu, als ihm keiner antwortete. „Habe ich mich überhaupt vorgestellt? Madmartigan." Und er streckte zwischen den Gitterstäben seine große, rußige Hand heraus.

Meegosh war neugierig, wenn auch zögernd auf ihn zugegangen und hielt ihm nun, noch etwas unsicher, die Hand entgegen. „Ich heiße Meegosh", sagte er. „Faß ihn nicht an, Meegosh", warnte Willow den gutgläubigen Freund. „Er ist gefährlich."

In dem Moment hörte er wieder jemand die Straße heraufkommen. Er drehte sich um, hob beide Arme und rief laut: „Halt!" In fliegendem Galopp näherte sich ein

Reiter. Willow stellte sich mitten auf den Weg und versuchte, ihn aufzuhalten: „Wartet!“

Aber der Reiter stieß nur einen lauten Warnruf aus, brauste weiter heran. Willow sah die Pferdehufe direkt auf sich zukommen. Im nächsten Augenblick würden sie ihn überrennen. Mit einem Sprung zur Seite brachte er sich gerade noch rechtzeitig in Sicherheit. Dann war der Reiter mit seinem schnaubenden Pferd schon wieder an ihnen vorbei.

Verblüfft sah Meegosh der Staubwolke nach, die hinter dem Reiter aufstieg, und meinte nur: „Der hatte es aber eilig!“ Ihm war gar nicht bewußt geworden, in welcher Gefahr sein Freund sich befunden hatte. So schnell war das Ganze vorbei gewesen.

Willow kam wieder auf die Füße und klopfte sich den Schmutz von der Jacke. „Was ist denn hier nur los?“ fragte er.

Madmartigan hob den Kopf, sah sich kurz um und gab dann zur Antwort: „Das riecht nach Kampf!“

„Und du bist wohl ein großer Krieger“, erwiderte Willow spöttisch. Er ging näher zu ihm hin, stemmte die Hände in die Hüften und sah Madmartigan, der eher einer abgerissenen Vogelscheuche glich, herausfordernd ins Gesicht.

„Der größte Schwertkämpfer, der je gelebt hat“, antwortete Madmartigan stolz. So gut es in dem Käfig ging, sprang er auf, hob den rechten Arm, als hielte er ein Schwert in der Hand, und begann zu kämpfen. Willow hatte so etwas noch nie gesehen. Blitzschnell stieß der Arm vor, zog sich zurück, hob sich, schnitt in allen möglichen Richtungen wie ein Messer durch die Luft. Wie ein exotischer Tanz erschien es Willow. Madmartigans ganzer Körper bewegte sich und zeigte eine fremdartige und überraschende Kraft und Gelenkigkeit. Willow wußte nicht recht, was er davon halten sollte. Im Grunde war er von Madmartigans Künsten beeindruckt, glaubte aber nicht, daß er wirklich ein großer Schwertkämpfer war.

Und plötzlich war der Schattenkampf dann zu Ende. Madmartigan ließ den Arm fallen, sank in seinem Käfig entmutigt zusammen. Ein Bein baumelte zwischen den Gittern heraus. Er sah die beiden Nelwyns mit traurigen Augen an und fragte leise: „Habt ihr was zu trinken?"

Meegosh starrte ihn immer noch voll Bewunderung an. Dann kam ihm eine Idee: „Willow! Ich hab's! Er könnte uns vielleicht helfen!"

Mit einem strengen Blick auf seinen Freund wandte Willow sich ab. „Hör bloß nicht auf ihn!"

Dann ging er zu dem Baby hinüber, das eben aufgewacht war und in seiner notdürftigen Wiege die kleinen Arme und Beine bewegte. Er holte einen Becher hervor und füllte ihn mit Wasser aus einem Ledersack.

Madmartigan sah ihm dabei zu und fuhr sich mit der Zunge über die vertrockneten Lippen.

„Das sind schlimme Zeiten, mein Freund", sagte er mit seltsam weicher Stimme zu Meegosh. „Gute Männer sitzen in Käfigen, und Verbrecher laufen frei herum. Es lohnt sich nicht mehr, anständig zu sein." Er schien angestrengt nachzudenken. Nach einer kleinen Weile blickte er wieder hoch und fragte: „Bist du Holzfäller?"

„Bergarbeiter", antwortete Meegosh ihm eifrig, „und mein Freund ist Bauer."

„Ich wußte es!" rief Madmartigan aus. Mühsam, wie ein heiseres Krächzen kamen die Worte aus seinem Mund: „Bergarbeiter, Bauern! Ihr seid alle Opfer! Jawohl, ihr und ich, wir sind alle Opfer der korrupten, verdorbenen Welt!“ Dann senkte er den Kopf, drückte ihn gegen die Gitterstäbe und schloß die Augen.

Kurz darauf war ein anderer Ton von dem Käfig her wahrzunehmen. Willow konnte ihn zuerst nicht richtig deuten. Als er aber genauer hinhorchte, verstand er plötzlich und war tief betroffen: Der gefangene Daikini in dem Käfig weinte.

Lange starrte Willow ihn bewegungslos an. Nach dem ersten Schrecken fragte er sich, ob Madmartigan, der seltsame Schwertkämpfer, wirklich weinte oder nur wieder mit einem neuen Trick versuchte, aus seinem Käfig herauszukommen. Schließlich fühlte er aber Mitleid mit dem Gefangenen. Auch wenn seine Tränen vielleicht nicht echt waren, so war es sein Durst doch bestimmt. Willow konnte nicht zusehen, wie jemand vor seinen Augen verdurstete, selbst wenn es ein Daikini-Schurke war. Noch einmal füllte er aus dem Ledersack Wasser in seinen Becher und ging dann damit zum Käfig hinüber.

Madmartigan hob erstaunt den Kopf. „Danke, mein Freund“, sagte er leise, und keinerlei Spott war mehr in seiner Stimme. Er streckte die Hand aus, um den Becher zu nehmen.

Im selben Augenblick hörte Willow in der Ferne neuen Lärm und drehte sich erschrocken um.

Es war ein durchdringendes, dumpf dröhnendes Stampfen wie von Füßen, das gleichzeitig aus dem Boden und aus der Luft zu kommen schien. Ganz langsam näherte es sich und wurde lauter und deutlicher. Jetzt war auch etwas zu hören, das wie tausendfaches Klappern von Metall klang, wie der aufgeregte Atem großer Tiere, wie Rufe und Stimmen von Männern. Schon zitterte dabei fast die Erde, aber noch immer war nichts zu sehen.

„Was ist das?“ fragte Willow entsetzt.

Madmartigan streckte vergeblich die Hand nach dem Becher aus. „Das klingt böse", murmelte er.

„Was könnte es denn sein?" fragte jetzt auch Meegosh beunruhigt. Der Lärm war schon ziemlich nahe, ein tiefes Grollen, Rumpeln und Donnern. Am Horizont stieg eine hohe Staubwolke auf.

Madmartigan versuchte immer noch, an den Becher in Willows Hand zu kommen. Er streckte seinen Arm aus dem Käfig, reichte aber nicht bis zu Willow hin und probierte es verbissen weiter, während er gleichzeitig antwortete. „Hundert Pferde", begann er mühsam aufzuzählen, „fünf oder sechs Wagen ... und ungefähr tausend Narren!"

Willow wandte sich erschrocken um, und Madmartigan bekam endlich den Becher zu greifen. Gierig holte er ihn zu sich in den Käfig und schluckte das Wasser in einem Zuge hinunter.

Im nächsten Augenblick sah Willow, wie sich aus der Staubwolke zwei riesige Figuren lösten und der Kreuzung näherten. Es waren zwei Daikini-Offiziere hoch zu Roß. Ihre Helme, tief in die bärtigen Gesichter gezogen, und die Rüstungen blinkten in der Sonne. Ungeduldig schnaubend trabten die Pferde vorwärts, schweißglänzend von einem anstrengenden Ritt. Dennoch wirkten sie lebhaft und kräftig auf ihren hohen Beinen. Die Offiziere hielten an.

Hinter ihnen tauchte nun eine ganze Armee auf, erst ein bunter Trupp Reiteroffiziere, dann eine endlose Kolonne von Fußsoldaten mit hohen Fahnen, die im Wind flatterten. Ganz zuletzt kamen die Wagen mit den Vorräten und Waffen: mit Schildern, Speeren und Schwertern.

Laut und lärmend bewegte sich der Zug durch das weite Tal. Da war der rasselnde Atem der Pferde zu hören, das Klappern von Zaumzeug und Rüstungen, das Getrappel der Hufe. Dahinter dröhnten dunkel die Schritte der Fußsoldaten, die schweren Wagen rumpelten. Und von den Bergen hallte das vielfältige Echo wider.

Den Zug auf- und abreitend und mit einer Stimme, die den ohrenbetäubenden Lärm noch übertönen sollte, gaben die beiden Offiziere ihre Befehle, um die Armeekolonne zu führen.

Atemlos sah Meegosh diesem ungewohnten Schauspiel zu.

Willow lief währenddessen zu ihrem Nachtlager hinüber, nahm das Baby und trug es zu dem einen der Offiziere, dessen Pferd unruhig auf und ab trabte. Nun versuchte er, die Aufmerksamkeit des Reiters auf sich zu lenken. Er hielt ihm das Baby entgegen, reichte aber kaum höher als zum Knie des Offiziers. „Sir!" rief er ein paarmal. „Sir!"

„Aus dem Weg, Zwerg!" fuhr ihn der Offizier an, nachdem sein tänzelndes Pferd den kleinen Willow fast getreten hätte.

Ängstlich sprang Willow zur Seite und suchte Schutz bei Meegosh am Straßenrand. Aber immer noch hielt er Ausschau nach jemand in dieser gewaltigen Menge, der ihn anhören würde.

Da entdeckte er einen weiteren Offizier, der sich gerade von den anderen Reitersoldaten löste. Willow sah seiner Ausrüstung und stolzen Haltung an, daß er der Heerführer sein mußte.

Er war groß und kräftig. Sein goldener Helm bedeckte fast das ganze Gesicht. Nur die Augen waren noch sichtbar und ein dichter blonder Bart. Pferd und Rüstung waren staubbedeckt. Unter dem Mantel, den er um die

Schultern trug, stand der Griff eines Schwertes heraus. Jetzt erhob er sich im Sattel und rief den Soldaten mit lauter Stimme zu: „Wir sind fast da! Angriff am Mittag!"

Mit neuen Befehlen ritt der eine der Offiziere nach hinten, der andere an die Spitze der Truppe. Der Heerführer beobachtete aufmerksam jede Bewegung.

Willow nahm seinen ganzen Mut zusammen, ging wieder mit dem Baby im Arm auf die Straße und kämpfte sich an den reitenden und marschierenden Soldaten vorbei zum Heerführer durch. Er war betäubt von dem fortdauernden Lärm der Befehle, der Schritte und Pferdehufe. Trotzdem versuchte er unverzüglich, den Heerführer anzusprechen. „Sir! Sir!" rief er, so laut er konnte. „Wir haben eins von euren Babys in unserm Dorf gefunden. Könnt Ihr es mitnehmen?"

Der Heerführer wandte sich überrascht um, blickte dann nach unten und entdeckte den Nelwyn und das Baby. Willow stockte einen Augenblick lang der Atem, als der große Daikini von seinem hohen Pferd auf ihn heruntersah.

Dieser lächelte ein wenig: „Wir ziehen in eine Schlacht, Kleiner." Und er fügte freundlich hinzu: „Such lieber eine Frau, die sich darum kümmert!"

„Sie haben dich für eine Frau gehalten, Airk!" hörte man plötzlich Madmartigan aus seinem Käfig. Belustigt schlug der mit der Hand an die Gitterstäbe und konnte sich vor Lachen kaum halten.

Der Heerführer drehte sich um: Diese Stimme hörte er doch nicht zum erstenmal! Er kniff die Augen zusammen, erkannte den Gefangenen und rief spöttisch: „Na, so was! Madmartigan! Ich wußte immer, daß du in einem Vogelkäfig landen würdest."

„Wenigstens hüte ich keine Schafe!" gab Madmartigan zurück. Er deutete mit einer Kopfbewegung auf die vorbeiziehenden Truppen und wollte wissen: „Was macht ihr denn hier oben im Norden?"

Fast von allein kam das lebhafte Pferd mit Airk Thoughbaer im Sattel näher an den Käfig, in dem Madmartigan nun aufrecht stand.

„Die Nockmaar-Soldaten haben Galladoorn zerstört", erklärte der Heerführer mit verhaltener Wut.

„Die Burg?" fragte Madmartigan ungläubig.

Airk nickte schweigend. „Es gab ein Blutbad! Bavmorda muß wahnsinnig geworden sein. Sie vernichtet alles, was sich ihr entgegenstellt. Wir versuchen, sie am Ufer des Troon aufzuhalten."

Madmartigan hob die Augenbrauen, und sein Gesicht hellte sich auf. Ihm schien ein rettender Gedanke gekommen zu sein. „Laß mich raus, Airk! Gib mir ein Schwert, und ich gewinne diesen Krieg für dich."

Aber Airk reagierte abweisend. „Nach dem, was du dir in Land's End geleistet hast? Sei froh, daß ich dich nicht töte!" Seine Stimme klang hart und eisig. Mit starker Hand stieß er den Käfig an, der weit zur Seite schwang und sich zu drehen begann. Dann wendete Airk sein Pferd mit einem leichten Schlag auf den Hals und ritt zu den Soldaten zurück.

„Airk!" schrie ihm Madmartigan verzweifelt hinterher.

Airk hielt sein Pferd noch einmal an, drehte sich halb im Sattel herum und rief zurück: „Madmartigan, ich diene immer noch Galladoorn. Du dienst niemandem, hast du das vergessen? Du kannst in deinem Sarg verfaulen!" Dann ritt er weiter mit seinen Truppen.

„Ich werde noch dasein, wenn du schon lange tot

bist!“ brüllte Madmartigan in ohnmächtiger Wut. „Dreckskerl! Ich schneide dir den Kopf ab und stecke ihn auf eine Bohnenstange!“

„Ist er ein Freund von dir?“ fragte Willow freundlich und sah zu ihm in den Käfig hinauf.

Madmartigan seufzte nur hilflos und sah Airk und den abziehenden Truppen verzweifelt nach. Aber mit einemmal hob er den Kopf, atmete tief die Morgenluft ein, und sein Gesichtsausdruck wurde ausgeglichen und friedlich. Die Falten zwischen den dunklen Augen lösten sich, und aus seiner Miene war jeder Ärger verschwunden. Er öffnete die Fäuste, mit denen er die Gitterstäbe umklammert hielt, und winkte mit beiden Händen. „Hallo!“ sagte er mit ruhiger, sanfter Stimme.

Willow starrte ihn verständnislos an. Erst dann bemerkte er, daß Madmartigan gar nicht ihm zuwinkte, sondern dem Baby auf seinem Arm. Es gluckste ein bißchen und lächelte, zufrieden und glücklich.

Und weiter zogen die Truppen vorbei, bis eine ferne Staubwolke sie ihren Blicken verbarg.

Die kleinen Nelwyns waren mit ihrem Baby und Madmartigan wieder allein auf der Kreuzung und warteten. Noch immer hatten sie niemand gefunden, der ihnen das Kind abgenommen hätte.

Meegosh legte neues Holz in das flackernde Lagerfeuer. Wieder und wieder horchte Willow aufmerksam, ob sich auf der Straße Reisende näherten. Aber um sie herum und in dem ganzen weiten Tal war alles still und ruhig, nur der Wind wehte mit einem leise klagenden Ton.

Madmartigan starrte finster ins Feuer, regungslos und ohne ein Wort zu sprechen. Willow hielt das Baby in den Armen und wiegte es sanft. Er seufzte.

„Kiaya und die Kleinen fehlen mir“, meinte er dann leise und traurig.

Meegosh blickte vom Feuer auf. „Willow ...“, er zögerte, „die Essensvorräte gehen uns aus.“ Er stocherte wieder in der Glut. „Ich habe Angst.“

Madmartigan hörte ihn. Er saß am Boden des Käfigs, ließ Arme und Beine herausbaumeln und schien teilnahmslos auf die Gruppe zu schauen. Jetzt mischte er sich ein: „Niemand wird sich um euer Baby kümmern.“ Willow und Meegosh erschraken. „Und wißt ihr, warum? Weil es allen egal ist!“ Er machte eine kleine Pause. „Nur mir nicht. — Ihr wollt zu euren Familien zurück. Dann vertraut mir das Baby doch an. Ich kann es versorgen. Ich werde auf das Kind aufpassen, als wäre es mein eigenes.“

Willow wandte sich ab, aber Meegosh, mit neuer Hoffnung in der Stimme, meinte: „Ich glaube, Willow, er würde es wirklich tun.“

Willow runzelte die Augenbrauen, in ihm sträubte sich alles gegen diesen Gedanken. Er hatte auch keine Lust, sich Madmartigans Vorschlag noch länger mit anzuhören. Auch wenn seine Worte inzwischen besonnen und ehrlich klangen, würde Willow seinen Entschluß nicht ändern. Er würde das hilflose kleine Mädchen nicht diesem Daikini-Verbrecher übergeben, nur um selbst schneller wieder in Sicherheit zu sein und zu seiner Familie nach Hause zu kommen. Er stellte sich vor, seine eigenen Kinder Mims und Ranon sollten einem Fremden anvertraut werden. Ihn schauderte. — Nein! Niemals!

Das war keine Lösung.

„Der kann doch überhaupt nicht mit Babys umgehen“, sagte er barsch zu Meegosh.

„Ich kenne aber eine Menge Frauen, die dies können“,

schaltete sich Madmartigan beharrlich ein. In den Blick, mit dem er die Kleine jetzt ansah, hatte er seine ganze Freundlichkeit gelegt. „Also wenn ich jemand hätte, für den ich verantwortlich wäre“, sagte er langsam, „eine kleine Tochter zum Beispiel, dann hätte ich einen wahren Grund, weiterzuleben.“

Willow sah überrascht auf. Gerade noch konnte er im Gesicht des Gefangenen einen ungewohnt ruhigen und nachdenklichen Ausdruck entdecken. Dann wandte dieser den Kopf zur Seite und grinste in die Luft. Er saß zurückgelehnt auf dem Käfigboden, so bequem es ging, und ließ die Arme durch die Gitterstäbe baumeln. Dann fing er mit seiner rauhen Stimme leise zu singen an, als wolle er ihnen deutlich machen, daß er noch tagelang warten konnte, während sie keine Zeit zu verlieren hatten.

„Er ist immerhin ein Krieger, Willow“, versuchte Meegosh noch einmal den Freund zu überreden.

„Ihr könnt mich doch hier nicht sterben lassen, wenn mein einziger Wunsch ist, eure Kleine zu beschützen!“ flehte Madmartigan sie an. Von seiner gespielten Gleichgültigkeit war nichts mehr zu sehen. Er streckte ihnen eine bittende Hand durch das Gitter entgegen, und auf seinem Gesicht lag ein verzweifeltes Lächeln.

Willow überlegte. Er spürte Kiayas Haarzopf in der Tasche und holte ihn heraus. Nachdenklich hielt er die Haare in der Hand, als könnten sie ihm helfen, zu einem Entschluß zu kommen. Prüfend sah er sich dann Madmartigan an, blickte zu dem Baby hinüber und wieder auf Madmartigan, der noch immer seine Hand ausgestreckt hielt. Von Willow hing jetzt alles ab. Lange Zeit dachte er nach. Und endlich nickte er, wenn auch etwas zögernd und unsicher, so doch deutlich. Sofort sprang

Meegosh auf, ergriff eine Axt und lief zu dem Käfig. Mit aller Kraft schlug er auf das Schloß ein, bis der Boden mit einem lauten Krachen aufklappte und Madmartigan herunter auf die Erde fiel.

Willow erwartete fast, daß der Gefangene aufstehen und fortlaufen würde. Er hätte sogar eine gewisse Erleichterung dabei empfunden.

Madmartigan erhob sich langsam, klopfte sich den Staub von den Kleidern und streckte genüßlich Arme und Beine aus. Erst jetzt, als er sich so reckte, sahen sie, wie groß er war. Er hatte lange Beine, einen breiten Brustkorb und kräftige Arme. Vielleicht war er doch ein guter Schwertkämpfer, dachte Willow.

Er war von seiner Entscheidung noch immer nicht ganz überzeugt. Doch vorsichtig trug er die Kleine zu Madmartigan.

„Du mußt versprechen, daß du ihr genug zu trinken gibst", ermahnte er ihn. Liebevoll sah er das Kind auf seinem Arm an. Der Gedanke, daß er sich von ihm trennen mußte, machte ihn unglücklich.

Madmartigan schien ein ganz anderer geworden zu sein. Strahlend und fröhlich hielt er seine starken Arme dem Baby entgegen. „Komm, mein kleiner Liebling!" Seine Stimme klang warm und herzlich.

„Und daß du sie sauberhältst", fügte Willow befehlend hinzu.

„Aber sicher!" versprach Madmartigan, kniete sich nieder zu Willow und nahm die Kleine behutsam auf seinen Arm. „Du magst Madmartigan doch, nicht wahr?" sagte er zu ihr, lächelte sie an, blinzelte ihr zu und streichelte sie mit dem Zeigefinger sanft unterm Kinn. Der Kleinen gefiel das, und sie gluckste vor Vergnügen.

Willow sah immer noch mißtrauisch zu, halb in Sorge

um die Kleine und halb eifersüchtig auf Madmartigan. „Hier sind ihre Windeln", sagte er schließlich und reichte ihm ein paar Tücher, „und hier ihr Milchbeutel."

„Ist da Milch drin?" fragte Madmartigan.

„Die ist für sie!" betonte Willow mit aller Strenge.

Madmartigan sah ihn fast beleidigt an. „Ich würde doch einem Baby keine Milch stehlen! Du machst dir zu viele Sorgen, Zwerg!"

„Willow", verbesserte ihn Meegosh.

„Entschuldigung: Willow", wiederholte Madmartigan, diesmal ohne eine Spur von Spott in der Stimme. Er legte Willow die Hand auf die Schulter. „Du hast die richtige Entscheidung getroffen."

Willow nahm noch einmal die Kleine in die Arme, drückte sie an sich und küßte sie. „Auf Wiedersehen!" flüsterte er ihr zärtlich ins Ohr. Dann bettete er sie vorsichtig in den Tragbeutel.

Willow und Meegosh halfen Madmartigan noch, als er das Kind auf den Rücken lud. Dann trennten sich ihre Wege. Madmartigan winkte den beiden zum Abschied fröhlich zu und marschierte mit großen Schritten die Straße hinunter.

„Bitte paß gut auf sie auf!" rief Willow ihm nach.

Madmartigan drehte sich um: „Ich gebe dir mein Ehrenwort!" Er winkte noch einmal und ging weiter. Die Kleine auf seinem Rücken krähte vergnügt.

Meegosh seufzte erleichtert und lächelte seinen Freund an. Aber Willow machte weiter ein nachdenkliches Gesicht. Er sah schweigend Madmartigan nach, bis er hinter den Hügeln verschwunden war. Er war nicht überzeugt, daß es richtig war, diesem Daikini das Kind anzuvertrauen. Vielleicht hätten sie doch noch länger warten sollen.

Er nahm kaum wahr, wie ihn Meegosh, der sich auf den Heimweg machen wollte, am Ärmel zupfte. Und als Willow sich endlich umdrehen wollte, sah er, daß der Freund schon weit vorausgegangen war.

„Meegosh!" rief Willow die Straße hinauf. „Langsam! So warte doch!"

„Komm endlich!" Meegosh war ungeduldig. „Wenn wir uns beeilen, können wir morgen früh zu Hause sein. Die Gesichter dort möchte ich sehen! Wir werden Helden sein."

„Glaubst du wirklich?" fragte Willow außer Atem, so schnell war er Meegosh nachgelaufen.

„Sicher", nickte Meegosh. „‚Seht, da sind Willow und Meegosh! Unsere Helden sind wieder daheim!'"

„‚Willkommen daheim, Männer!'" träumte jetzt auch Willow, der sich die Szene gut vorstellen konnte. „‚Ihr habt einen Orden verdient!'"

„‚Willow soll Lehrling bei dem Großen Aldwin werden!'" jubelte Meegosh.

„‚Oder besser noch: der Neue Aldwin!'" lachte Willow. Plötzlich wurde seine Miene aber wieder ernst, und er fragte seinen Freund: „Haben wir auch das Richtige getan, Meegosh?"

„Absolut!" bestätigte dieser und nickte mit dem Kopf. „Du brauchst dir keine Sorgen zu machen."

Während Willow von neuem zu grübeln begann, ertönte mit einemmal weit hinter ihnen ein lauter, krächzender Schrei. Erschrocken drehten sie sich um. Sie konnten nichts Auffallendes entdecken. Doch dann hörten sie aus der Luft ein gewaltiges Rauschen, und im nächsten Augenblick kam ein riesiger Adler mit mächtigen Flügelschlägen über die Baumkronen direkt auf sie zugeflogen. Auf seinem Rücken saß ein winziger Brownie, der sich mit der einen Hand an die Halsfedern klammerte und in der andern Pfeil und Bogen schwenkte. Sein wildes Lachen und Schreien drang bis zu den beiden Freunden. Und mit Entsetzen erkannten diese jetzt, daß der große Vogel den Tragbeutel mit dem Baby in den Krallen hielt. Der Adler flog nun tiefer, und mit seinen Flügeln kam er den Nelwyns so nahe, daß sich die beiden auf die Erde werfen mußten, um sich im letzten Moment zu retten. Beängstigend laut rauschte der große Vogel knapp über ihre Köpfe hinweg.

Willow richtete sich sofort wieder auf und sah, daß der Adler in den Wald hineinflog. Verzweifelt rannte er los und schrie dem Vogel nach: „He! Halt! Bring sie zurück!“ Aber es war vergeblich.

Hinter ihm rief Meegosh: „Willow!“ Aber das hörte er schon nicht mehr.

So schnell er konnte, lief er dem Adler nach, immer weiter in den tiefen Wald hinein, voller Angst, er könnte ihn und das Baby aus den Augen verlieren. Er spürte kaum, wie ihm Äste und Blätter ins Gesicht schlugen. Dann aber verschwand der Vogel in den hohen Bäumen. Jetzt erst bemerkte Willow, wie dunkel der Wald geworden war.

Plötzlich zischte es leise von allen Seiten, und winzige Pfeile kamen auf ihn zugeschossen, die ihn trafen und schmerzten wie Bienenstiche. Dutzende von Brownies hielten sich in den Bäumen versteckt und griffen ihn mit Pfeil und Bogen an. Im Weiterlaufen wischte er sich die Pfeile mit der Hand vom Gesicht und zupfte sie, wenn sie feststeckten, aus Haut und Kleidern. Fieberhaft überlegte er, welchen Weg der Adler wohl genommen hatte, der weder zu hören noch zu sehen war.

An einer Weggabelung blieb er einen Augenblick

schwer atmend stehen, unschlüssig, welche Richtung er einschlagen sollte. Auf gut Glück rannte er weiter in den Wald hinein. Da bemerkte er gerade noch rechtzeitig eine Falle aus Netzen und Stricken. Erschrocken kehrte er um und lief wieder zu der Gabelung zurück, wo er auf Meegosh traf, der dem Freund gefolgt war. Sie blieben stehen und versuchten mühsam, wieder zu Atem zu kommen. Willow deutete mit der Hand nach hinten und brachte keuchend hervor: „In der Richtung ist eine Falle!"

Im nächsten Moment liefen sie dann auch schon den anderen Weg entlang. Über sich hörten sie die kleinen Schreie der Brownies in den Bäumen, unter ihren Füßen knackten die Zweige und raschelten die welken Blätter, während sie immer weiter in den Wald hineinrannten. Mitten in ihrem Lauf aber öffnete sich plötzlich unter ihren Schritten die Erde, ein tiefes, schwarzes Erdloch, das unter Zweigen und Blättern versteckt war, tat sich auf, die beiden Nelwyns verloren jeden Halt, und mit einem entsetzten Schrei stürzten sie kopfüber ins Bodenlose. Sie hatten das Bewußtsein verloren.

Im Zauberwald

Das erste, was Willow wieder spürte, war Wasser, das ihm übers Gesicht geschüttet wurde. Er öffnete langsam die Augen und sah hoch über sich die Wipfel der Bäume. Als er aber versuchte aufzustehen, merkte er, daß er sich nicht mehr bewegen konnte. Verwundert drehte er den

Kopf nach links und rechts und mußte erkennen, daß seine Arme und Beine, ja sein ganzer Körper, mit vielen winzigen Seilen, so dünn wie Bindfäden, gefesselt waren. Diese Seile waren seitlich auf dem Boden an winzigen Pflöcken festgemacht und fest und schmerzhaft gespannt. Neben sich sah er Meegosh liegen, der ebenso angebunden war. Um sie herum brannten viele kleine Lagerfeuer.

Und dort hüpften die Brownies ausgelassen herum, schrien und lachten und zeigten immer wieder triumphierend auf ihre beiden Gefangenen.

Die winzigen Wesen ragten dem am Boden liegenden Willow kaum über die Schulter hinaus. Trotz ihres kleinen Wuchses sahen sie wild und verwegen aus. Sie trugen das ungekämmte Haar wirr nach allen Seiten abstehend und hatten ihre Gesichter mit grellen Farben und grotesken Linien, Zacken und Sternen bemalt. Manche von ihnen liefen halbnackt herum, andere hatten sich ein Fell über die Schultern geworfen, eine Art Lederrüstung und kleine Halsketten an und Sandalen an den Füßen. Und alle waren bewaffnet mit winzigen Speeren und Messern oder mit Pfeil und Bogen. Für die kleinen Waldkobolde war es lebenswichtig, sich besonders gut vor den vielen Feinden zu schützen. Und sie versuchten alles, um ihnen Angst einzujagen. Jetzt aber feierten sie stolz und übermütig den Sieg über die beiden riesigen Männer, die sie zu Gefangenen gemacht hatten und die nun wehrlos vor ihnen lagen.

„Wo bin ich?" murmelte Willow mit einem erstaunten Blick auf diese seltsame Szenerie. Da hörte er Meegosh neben sich vor Schmerz stöhnen, drehte den Kopf zu ihm und fragte besorgt: „Meegosh, ist alles in Ordnung?"

„Ich glaube, mein Arm ist gebrochen", klagte Meegosh.

Da kam mutig der Brownie, der auf dem Adler geritten war, auf sie zu und stellte sich breitbeinig vor Willows Gesicht auf. „Ich bin Franjean, der König der Welt!" verkündete er laut. Die übrigen Brownies kicherten und zeigten nicht den geringsten Respekt vor ihm.

Willow sah plötzlich viele helle Punkte wie Glühwürmchen in der Luft tanzen, sie schwebten näher, berührten sein Gesicht und kitzelten ihn leicht. Es waren Waldelfen, noch winziger als die Kobolde und zart und lieblich wie Blüten, mit durchsichtigen Flügeln.

Mit möglichst fester und strenger Stimme fragte Willow schließlich: „Wo ist das Baby? Ich bin dafür verantwortlich!"

Franjean gab Willow mit der Hand einen Klaps auf die Nase. „Sei still, du Narr!" befahl er herrisch.

„Mach das noch einmal, und ich töte dich, du kleines ...", preßte Willow zwischen den Zähnen hervor.

„Ich hab' keine Angst vor euch Nelwyns", tönte Franjean herausfordernd, „ihr bildet euch nur ein, daß ihr groß seid!" Und wieder schlug er ihm auf die Nase.

In diesem Augenblick erklang hoch über ihnen aus den Bäumen eine andere, seltsam weiche Stimme: „Franjean! Bring die Nelwyns zu mir!"

Ein zweiter Brownie, Rool mit Namen, näherte sich Franjean. „Oje!" sagte er zu ihm. „Das war Cherlindrea!" Die übrigen machten sich sogleich an den Seilen zu schaffen, mit denen Willow und Meegosh am Boden festgebunden waren. Rool grinste die beiden schadenfroh an: „Jetzt wird es euch schlechtgehen!"

„Keine Gespräche mit den Gefangenen!" befahl Franjean laut.

„Und was ist mit dir?“ protestierte Rool.

„Das ist etwas anderes“, antwortete Franjean, „ich habe hier das Kommando!“

Ärgerlich versuchte Willow, sich trotz seiner Fesseln aufzurichten, aber da kletterte und sprang ihm Franjean auf die Brust, wedelte mit einem kleinen Stock vor seinem Gesicht herum und verbot ihm jede Bewegung.

„He, was ist hier los?“ fragte Willow ungehalten.

„Maul halten! Oder ich brech' dir die Nase!“ fuhr ihn Franjean an. „Du bist mein Spielzeug!“ Er blieb auf Willow stehen und befahl den anderen Brownies: „Vorwärts!“

„Aua! Runter von mir!“ schrie Willow ihn an, aber ohne Erfolg.

Und während Franjean, stolz wie ein Feldherr, auf Willows Brust stehenblieb, hatten die Brownies bereits die Pflöcke gelöst, sich am Kopfende aufgestellt und begannen nun, mit all ihren kleinen Kräften die gefesselten Nelwyns an den dünnen Seilen über den Waldboden zu schleifen. Es war eine mühsame und langwierige Arbeit, aber es gelang ihnen, Willow und Meegosh allmählich tiefer und tiefer in den Zauberwald zu schleppen.

Die Waldelfen schwirrten immer zahlreicher wie winzige funkelnde Sternschnuppen durch die Nachtluft und leuchteten ihnen zwischen den Bäumen hindurch. Aber Willow hatte keine Augen für diesen zauberhaften Anblick, denn Franjean stieß ihn wiederholt mit seinem Stock und schlug ihm ausgelassen auf die Nase.

„Wenn ich hier loskomme, zerquetsche ich dich!“ schrie Willow ihn wütend an.

Franjean stieß nur ein irres Gekicher aus und schwang wild seinen Stock. „Du kriegst deine Fesseln nie auf, du Schafsgesicht!“

Da ertönte in der Luft über ihnen wieder die geheimnisvolle Stimme, die ihnen befohlen hatte, Willow und seinen Freund herbeizubringen: „Befreit die Nelwyns!“

Franjeans Gesicht verzog sich zu einer ängstlichen Grimasse. Willow beobachtete ihn triumphierend.

„Oh, oh, oh!“ hörte er ihn undeutlich und erschrocken. Dann sprang Franjean überraschend schnell auf den Waldboden hinunter. Die anderen Brownies schnitten die Seile auf, die Willow und Meegosh gefesselt hielten. Endlich waren sie frei. Willow rieb sich die schmerzenden Hände und Füße und stand auf. Als die Brownies ihn nun dastehen sahen, wie er sich so riesig über sie erhob, bekamen sie es doch mit der Angst zu tun. Unter lauten Schreckensrufen liefen sie ins Unterholz und waren auch schon verschwunden, flink und geschwind wie Eichhörnchen.

Im gleichen Augenblick bemerkte Willow staunend, wie hinter ihm die Dunkelheit zurückwich und sich zwischen den Bäumen ein seltsames, großes Licht bewegte. Immer mehr Waldelfen flatterten um ihn herum durch die Luft.

„Willkommen in meinem Königreich!“ hörte er wieder die mysteriöse Stimme, die von allen Seiten gleichzeitig zu ihm sprach. Er schaute sich um.

Vor ihm, in einem strahlenden und warmen Licht, lag das kleine Kind in einer Wiege, mit geschlossenen Augen und friedlich schlafend. Willow fühlte eine unbeschreibliche Freude und Erleichterung in sich aufsteigen. Im nächsten Augenblick war er an der Seite der Kleinen. Da wurde das Leuchten noch heller und nahm langsam die schwebende Gestalt einer Frau an. Willow, geblendet von dem starken Licht, legte die Hand vor die Augen und murmelte: „Ich sehe nichts mehr.“

„Es tut mir leid“, sagte die Stimme. Die Lichtgestalt stieg ein wenig höher, und nun konnte Willow sie in ihrer ganzen Schönheit erkennen. Sie hatte langes gelocktes Haar und helle Augen, die voller Güte und Freundlichkeit waren. Das weite, strahlende Gewand, das sie trug, schien in einem leichten Wind zu schweben. Ein leuchtender Glanz strömte von ihr aus. Und unzählige kleine Lichter tanzten um sie, die Waldfeen, und umgaben sie wie ein Kranz aus Sternen. — Das mußte Cherlindrea sein, die Herrscherin des Zauberfeenwaldes, von der Willow schon so oft gehört hatte.

„Ich bin glücklich, dich zu treffen, Willow Ufgood“, vernahm er sie mit ihrer sanften Stimme. Und dann: „Nachtigallenhonig für unseren Ehrengast!“

Die Brownies kamen wieder unter den Büschen hervor, huschten hierhin und dorthin und brachten Willow zu trinken. Franjean und Rool stießen in der Eile, mit der sie ihn bedienen wollten, zusammen. Willow mußte unwillkürlich lächeln, als er die kleinen Figuren plötzlich verdutzt am Boden sitzen sah. Schließlich reichten sie ihm ein Blatt, das wie ein Becher geformt war. Jetzt umschwebten die leuchtenden Waldfeen auch ihn und sahen ihm mit silbernem Lachen beim Trinken zu.

„Woher weißt du meinen Namen?“ fragte er Cherlindrea.

Da verschwand Cherlindrea, einen Atemzug lang wurde es dunkler, aber dann erschien sie wieder in ihrem Glanz nahe der Wiege mit dem Baby. „Elora Danan hat ihn mir gesagt. Elora“, wandte sie sich an die Kleine, „Willow ist hier.“

Elora öffnete ihre großen Augen und sah sie beide an.

„Sie ist doch noch ein Baby.“ Willow war verwundert. Wie sollte sie schon seinen Namen wissen?

„Elora ist ein besonderes Kind", erklärte ihm Cherlindrea. „Sie ist die Tochter der Sonne und des Mondes — die künftige Königin aller Königreiche."

Willow konnte die Bedeutung dieser Worte nicht fassen. Aber daß seine Aufgabe beendet wäre, soviel glaubte er zu begreifen. Und das vor allem war ihm wichtig.

„Dann darf ich ja wohl beruhigt sein", sagte er zögernd und unsicher lächelnd. „Jetzt werde ich endlich wieder nach Hause können."

„Nein, Willow." Cherlindrea hob langsam den Kopf: „Deine Reise hat erst begonnen."

„Du verstehst mich nicht." Willow war verwirrt. „Ich muß zu meiner Familie zurück. Ich mache mir Sorgen um meine Frau und die Kinder. Sie brauchen mich."

Cherlindrea glitt ein wenig höher und schüttelte den Kopf mit den leuchtenden Haaren. „*Du* hast noch nicht verstanden, Willow", erklärte sie sanft. „Elora Danan hat dich zu ihrem Beschützer erwählt." Dann hielt sie ihre Arme über die Wiege, die Kleine wurde wie von unsichtbarer Hand herausgehoben und schwebte ruhig in dem Lichtschein, der die Feenkönigin umgab.

„Mich?" Willow konnte es nicht glauben.

„Ja", nickte Cherlindrea, „sie mag dich."

Willow sah auf das Kind und hatte mit einemmal Angst, es könnte aufhören zu schweben und vor seinen Augen plötzlich zu Boden fallen. Er nahm es in seine Arme. Mit einem zärtlichen und dankbaren Lächeln blickte ihn die Kleine an, und von neuem spürte Willow, wie ihn ihre tiefgründigen großen Augen in Bann zogen. Er nahm kaum wahr, daß Cherlindrea für einen Moment verschwand.

Nur noch die Waldfeen erhellten mit ihrem Leuchten die Dunkelheit.

Als Cherlindrea wieder erschien, hatte sie einen Stab in ihrer Hand, der wie ein knorriger Zweig ohne Blätter aussah. Aber Willow konnte deutlich fühlen, daß eine mächtige Kraft von ihm ausging. Es war ein Zauberstab.

„Hier", Cherlindrea hielt ihm die Rute hin, „nimm meinen Zauberstab, und bringe ihn der großen Zauberin Fin Raziel. Sie wird dir helfen, Elora Danan in das Königreich Tir Asleen zu bringen, wo dann ein guter König für sie sorgen wird."

„Kannst *du* das nicht?" fragte Willow, ohne sich zu rühren. „Du hast doch Zauberkräfte!"

Wieder schüttelte Cherlindrea sanft den Kopf. „Wie gern würde ich es tun", erwiderte sie ein wenig traurig, „aber mein Leben und meine Macht sind an diesen Wald gebunden."

Willow gab noch nicht auf. „Man braucht einen tapferen Krieger für so etwas", hielt er ihr entgegen. „Ich bin nur ein kleiner Niemand!" Liebevoll und mit einem Blick, der um Verzeihung bat, sah er die Kleine an. „Ich bin dafür nicht geeignet, Elora." Dann wandte er sich wieder Cherlindrea zu: „Ich bin zu klein, sogar für einen Nelwyn."

Das Leuchten um ihn wurde noch heller und strahlender, so daß er erschrocken einen Schritt zurücktrat und das Baby fester in den Arm nahm.

„Elora muß leben", erklang feierlich die sanfte Stimme Cherlindreas, „sie muß die Königin Bavmorda besiegen, deren böse Kräfte sich unaufhaltbar über alle Grenzen ausbreiten."

Nach diesen Worten schwebte Cherlindrea nach oben, es war, als würde sie von einem goldenen Wind hochgetragen, dann drehte sie sich noch einmal hell strahlend im Kreis und verschwand. In plötzlicher Dunkelheit blieb

Willow zurück, um ihn der finstere, schweigende Wald. Auch von den Brownies war nichts mehr wahrzunehmen. Willow wurde es unheimlich, als er so allein dastand, nur mit der kleinen Elora Danan in den Armen, und zaghaft und mit zitternder Stimme rief er in die Finsternis: „Hallo?"

Von weit her hörte er Cherlindrea sanft und deutlich antworten: „Alle guten Geschöpfe brauchen deine Hilfe, Willow. Sonst wird Bavmorda bald dein Dorf beherrschen, deine Kinder, deine Frau, alle."

Noch ein letztes Mal erschien Cherlindrea majestätisch in den Bäumen. Wieder füllte sich die Luft mit dem Glanz ihres Lichtes, als sie zu Willow herabschwebte. Ganz nah konnte er ihr schönes Gesicht sehen, das ruhige Leuchten in ihren Augen und das goldene Lockenhaar. Mit großen Augen blickte Willow sie an, ohne zu sprechen. Sie hielt noch immer den Zauberstab in der Hand.

Die kleine Elora sah erwartungsvoll zu Willow auf. Er spürte, daß dies vielleicht der wichtigste Augenblick seines Lebens war.

„Ich kann dir nichts befehlen", hörte er Cherlindrea zu ihm sagen, „du mußt selbst entscheiden."

Die Mission

Langsam erwachte der Zauberwald wieder zu neuem Leben. Von den kleinen Lagerfeuern der Brownies stiegen letzte Rauchfahnen hoch, und die Morgendämmerung zog mit ihrem ruhigen Licht herauf. Sie schliefen fast alle noch: Willow, Meegosh, die Brownies und Waldelfen. Nur Rool schlich leise auf Zehenspitzen durch den Wald, schalkhaft lächelnd. Er trug einen Beutel mit goldglitzerndem Pulver bei sich. Nun näherte er sich einer schlafenden Elfe, nahm etwas von dem Pulver heraus und streute es ihr über die Augenlider. Da stand auf einmal Franjean hinter ihm.

„Wo hast du den Staub der Gebrochenen Herzen gestohlen?“ fragte er streng.

„Nirgends“, gab Rool achselzuckend und scheinbar gleichgültig zur Antwort. Aber er hatte doch ein schlechtes Gewissen. „Ich hab’ doch nur Spaß gemacht.“

„Er gehört den Elfen!“ wies ihn Franjean zurecht. „Er ist gefährlich. Gib ihn her!“ Er griff nach dem Beutel und versuchte, ihn Rool wegzunehmen. Aber Rool hielt den Beutel fest. Erst als Franjean mit einem kräftigen Ruck daran riß, ließ Rool los, stolperte und saß plötzlich auf dem Waldboden.

Franjean befestigte den Beutel an seinem Gürtel.

Der Lärm der beiden Streitenden hatte die Elfe aufgeweckt, langsam setzte sie sich nun auf und rieb sich den Schlaf aus den Augen. Als sie dann nach oben blickte, sah sie Franjean vor sich stehen. Im gleichen Moment erschien auf ihrem Gesicht ein entzücktes, liebevolles Lächeln. Sie sprang hoch, umarmte Franjean mit beiden Armen und küßte ihn so stürmisch, daß er kaum noch Luft bekam.

„Weg da! Zu Hilfe!“ schrie Franjean mit erstickter Stimme. „Hol Wasser! Und gieß es über sie!“

Jetzt erwachte auch Willow von dem lauten Treiben. Er hatte in der Nacht noch lange wach gelegen und nachgedacht. Dann war er zu einer Entscheidung gekommen.

Willow beugte sich zu Meegosh hinüber, der neben ihm lag, und flüsterte ihm leise ins Ohr: „Wach auf, Meegosh. Es ist Zeit, nach Hause zu gehen."

„Nach Hause?" murmelte Meegosh schläfrig. Doch dann war er schlagartig hellwach. Mit einem freudigen Lächeln sprang er auf. Lange genug hatte er diesen Moment herbeigewünscht. Er war sofort zum Aufbruch bereit.

„Was macht dein Arm?" fragte Willow besorgt. „Denkst du, daß du es schaffst?"

„Aber ja, der ist in Ordnung!" versuchte Meegosh ihn zu beruhigen. „Tadellos! Die haben mir da irgendwas draufgetan."

Als Meegosh seinen Arm rieb und bewegte, um Willow zu überzeugen, sah man deutlich, daß er immer noch Schmerzen hatte und nicht ganz die Wahrheit gesagt hatte.

Nachdenklich sah ihn Willow an. „Hör zu", sagte er dann langsam. „Sag Kiaya, daß ich sie liebe und viel an sie denke ..."

„Willow!" Meegosh erschrak, und das Lächeln auf seinem Gesicht verschwand.

„... und sag ihr, ich tu alles, daß dem Baby nichts geschieht."

Meegosh starrte seinen Freund ungläubig an. „Du hast dich endgültig entschieden?" fragte er ihn. Willow nickte schweigend. „Es wird gefährlich sein, Willow. Vielleicht sollte ich mit dir gehen?"

Willow schüttelte den Kopf. „Nicht mit deinem Arm, Meegosh", sagte er bestimmt. „Grüße Mims und Ranon von mir. Und Kiaya soll sich keine Sorgen machen."

„Und du weißt, was du tust? Sicher?" Meegosh hatte Angst um seinen Freund.

Willow hob zweifelnd die Schultern. „Ich hoffe es, Meegosh."

„Paß auf dich auf!" sagte Meegosh und legte ihm die Hand auf die Schulter. „Du darfst den Daikinis nicht vertrauen. Sie meinen etwas anderes, als sie sagen." Die beiden Nelwyns umarmten sich herzlich, und jeder der Freunde ging seinen Weg, Meegosh nach Hause und Willow auf die Suche nach der großen Zauberin Fin Raziel.

Als Willow mit dem Baby auf dem Rücken und der Zauberrute in der Hand aufbrechen wollte, erfuhr er, daß Cherlindrea zwei der Brownies zu seinen Begleitern und Führern bestimmt hatte: Franjean und Rool. Er war nicht gerade begeistert von diesen Reisegefährten, die immer zu üblen Scherzen aufgelegt waren. Aber immerhin mußte er nicht ganz allein mit dem kleinen Kind durch den dunklen und unwegsamen Wald gehen und durch das fremde Land, das jenseits davon lag.

Franjean marschierte meistens voran. „Hier entlang! Hier entlang!" kommandierte er wichtigtuerisch.

Willow folgte ihm so geduldig, wie er nur konnte. Er trug schwer an dem Baby auf seinem Rücken, und der Gang durch den Wald war anstrengend. Oft schlugen ihm herunterhängende Zweige ins Gesicht. Zu seiner Verwunderung machte es ihm Mühe, mit den kleinen Brownies Schritt zu halten.

„Dauert es noch lange, bis wir diese Raziel finden?" fragte er.

Franjean schüttelte den Kopf: „Nicht lang."

Rool, der manchmal auf einem liegenden Baumstamm lief, um leichter mit Willow reden zu können, zeigte sich gesprächiger. „Sie ist verbannt auf eine Insel hinter den Bergen dort."

„Was ist sie?“ Willow traute seinen Ohren kaum und blieb vor Schreck stehen.

Rool war sichtbar stolz auf sein Wissen. Er machte ein geheimnisvolles Gesicht und fuhr fort: „Durch die böse Königin Bavmorda!“

„Rool, du Narr!“ zischte Franjean ihn an. „Er braucht nicht alles zu erfahren!“

„Was redet ihr da?“ wollte Willow jetzt genau wissen. „Was heißt das, auf einer Insel?“ Und er schüttelte drohend Cherlindreas Zauberstab. Die zwei Brownies duckten sich ängstlich.

„Spiel nicht damit herum!“ warnte ihn Franjean ernst. „Cherlindrea hat es dir gesagt: Er hat gewaltige Kräfte. Nur ein großer Zauberer kann ihn benutzen, aber nicht“, setzte er mit einem verächtlichen Grinsen hinzu, „ein dummer Zwerg wie du!“

Willow tat, als hätte er die Beleidigung nicht verstanden. Wozu auch sollte er sich über solch eine lächerliche Bemerkung aufregen! Er hatte keine Lust, mit den Brownies zu streiten. Und so verzog er keine Miene, und schweigend folgte er ihnen weiter.

Nach einer Weile wurde der Wald zunehmend lichter und gab hier und da den Blick auf ein Tal frei. Willow versuchte noch einmal, mehr von seinen beiden Begleitern zu erfahren: „Kennt ihr eigentlich den Weg?“

„Natürlich!“ antwortete Franjean voller Überzeugung. „Mit uns als deinen Führern kann dir nichts passieren ...“

„Tod und Verderben!“ unterbrach ihn Rool plötzlich mit sich überschlagender Stimme und zeigte mit ausgestrecktem Arm ins Tal hinunter.

Willow lief zum Waldrand, bog vorsichtig ein paar Zweige zur Seite und sah zwischen ihnen hindurch.

In dem Tal unter ihnen tobte eine grausame Schlacht. Hunderte von Nockmaar-Kriegern in ihren schwarzen Rüstungen, zu Fuß und zu Pferd, schlugen mit Schwertern, die von Blut rot gefärbt waren, auf die verlorenen Reste einer schwachen Truppe von Kriegern ein.

In ihnen erkannte Willow die Soldaten wieder, denen er an der Straßenkreuzung bei den Käfigen begegnet war. Mit vor Entsetzen großen Augen und wie gelähmt sah Willow zu. Und er hörte die Pferde schnauben und wiehern, Eisen klang auf Eisen, die Kämpfenden stießen wilde, heisere Schreie aus. Am Boden wälzten sich Verwundete und stöhnten. „Daikinis!" murmelte Willow ungläubig.

Die Nockmaar-Soldaten trieben jetzt die letzten hilflosen Krieger vor sich her, den Hügel hinauf, wo Willow und seine Begleiter sich hinter den Bäumen versteckt hielten. Noch immer starrten sie regungslos auf den Kampfplatz, als sie plötzlich hinter sich ein Geräusch hörten. Entsetzt fuhren sie herum.

Ein Trupp Nockmaar-Soldaten stand gefährlich nahe unter den Bäumen hinter ihnen. Zu Tode erschrocken, kauerten sie sich tief unter die Büsche, schützend barg Willow das Baby an seiner Brust. Niemand sah sie, denn die ganze Aufmerksamkeit der Soldaten war auf die Verfolgung der Gegner und den Kampf gerichtet. Allein schon beim Anblick jagte der Anführer des Trupps Entsetzen ein. Hoch überragte der gefürchtete General Kael auf seinem Pferd alle anderen. Über der Rüstung trug er einen wehenden, schwarzen Mantel. Sein Helm war ein gebleichter Tierschädel mit dunklen, geschwungenen Augenhöhlen und einer breiten Reihe von Reißzähnen vor dem Knochenmaul. Den Schädel bedeckte ein wüstes Fell grauer Haare, und über den Ohren trug er zwei vorspringende, scharfe Eisenscharten. „Keine Gnade!" tönte dumpf und bedrohlich der Kampfschrei aus dieser Todesmaske heraus. Kael gab seinem Pferd die Sporen und jagte durch die Büsche aus dem Wald hinaus. Seine Leute folgten ihm, um den letzten Kriegern, die den Hügel hinaufflohen, eine Falle zu stellen und sie rücklings anzugreifen.

Willow und die Brownies nutzten diesen Moment. Sie verließen ihre Verstecke in den Büschen und rannten um ihr Leben. Über Steine und Wurzeln stolpernd, liefen sie in den Wald zurück. Immer neue Nockmaar-Truppen stürmten nun auf ihren Pferden herbei. Nur mit viel Glück schaffte es Willow, ihnen auszuweichen. Wieder und wieder mußte er sich mit einem Sprung in die Büsche retten und sich verstecken. Die zwei schnellfüßigen Brownies waren ihm gegenüber im Vorteil. Um sie herum dröhnte der Lärm der blutigen Schlacht. Die kleine Elora fing zu weinen an, als die Nockmaar-Reiter einer nach dem andern an ihnen vorbeidonnerten, um die noch übriggebliebenen Feinde im Tal und auf dem Hang zu vernichten.

Willow hielt das Kind fest im Arm. „Pst!" machte er leise. „Nicht weinen, Elora!" Seine Stimme war unsicher und ängstlich, während er, ganz außer Atem, im Weiterlaufen zu ihr sprach. „Schlimmer kann es nicht werden."

Seit Stunden marschierten sie nun schon in einem kalten Regen auf einer schlammigen Landstraße dahin. Sie schienen die Richtung verloren zu haben. Das Wasser lief Willow in kleinen Bächen über das Gesicht, die Haare klebten ihm in nassen Strähnen auf der Stirn, er fühlte sich elend und verzweifelt. Immerhin war es ihm gelungen, Elora unter seinem Umhang einigermaßen gegen diesen Regen abzuschirmen und trocken zu halten. Auch Franjean hatte in dem Tragebeutel unter dem Umhang Schutz gesucht. Rool saß in Willows Tasche.

Endlich ließ der Regen nach. Da tauchte in dem nassen, grauen Nebel vor ihnen zwischen Bäumen ein Haus auf. Es hatte mehrere Stockwerke, und im untersten, wo ein offener Stall war, konnten sie einige rastende Pferde erkennen. Überall standen Kisten und Tonnen herum, über den Balkongittern hing Wäsche zum Trocknen aus, und im Hof stand ein alter Wagen mit schweren Holzrädern und zwei Pferden davor. Eins der Räder wurde gerade repariert.

Sie waren zu einer Schenke gekommen, und Willow fühlte bei ihrem Anblick plötzlich neue Kraft in seinen müden Beinen.

Rool steckte neugierig den Kopf aus Willows Tasche, und Franjean schaute unter dem Umhang hervor, als sie bemerkten, daß Willow die Richtung änderte.

„Da gehen wir nicht hinein!" befahl Franjean mit einem Blick auf die Schenke.

„Elora braucht frische Milch", gab Willow ihm streng zu verstehen und ging auf den Pferdestall zu. Im Halbdunkel konnte er eine Treppe sehen, die nach oben in die Wirtsstube führte.

„Du hast hier nicht das Kommando, Kleiner!" schimpfte Franjean in Willows Rücken. „Sondern ich! Wir gehen hier nicht hinein, und das ist ein Befehl! Hast du begriffen?"

Aber Willow antwortete ihm nicht mehr. Er stieg die enge Treppe hinauf. Durch die offene Tür konnte er die Musik der Spielleute hören, aber lauter noch die dröhnenden Stimmen der Gäste.

Er sah sich oben um. Der Raum wurde nur schwach von einem Kerzenleuchter erhellt, der an einer Eisenkette von der hohen Decke herunterhing. Die Luft war dumpf und schwer von feuchten Kleidern, Rauch und dem Geruch von Bier. Dichtgedrängt hockten, saßen und standen überall Menschen, die durchweg doppelt so groß wie Willow waren. Da waren wandernde Familien, Frauen mit kleinen Kindern, Landstreicher, Vagabunden, Bettler und Tagediebe, die meisten schon betrunken. Einige sahen ihm besonders gefährlich aus, wie Diebe und Straßenräuber. Oben auf einem Balkon stritten sich zwei Männer, wilde Erdhöhlenbewohner, und schlugen mit den Fäusten aufeinander ein. Plötzlich gab das Geländer unter ihrem Gewicht nach, und mit einem ohrenbetäubenden Krachen stürzten sie hinunter.

Elora schützend in den Armen, nahm Willow nun seinen ganzen Mut zusammen und fragte in die laute Menge hinein: „Habt ihr etwas Milch für dieses arme, hungrige Baby?"

„Raus hier, Zwerg!" brüllte jemand. Dann flogen Teller und Becher auf Willow, so daß er sich schnell duckte und über das Kind beugte, und von allen Seiten schrie es jetzt: „Hau ab, Zwerg!" — „Auf den Bratspieß mit ihm!" — „Röstet ihn!"

In letzter Not rannte Willow beiseite und suchte Schutz unter einer Treppe. Er drückte Elora fest an sich.

Franjean kam aus dem Tragbeutel hervor und kletterte auf die Tasche zu Rool. Von hier aus konnten sie recht gut beobachten, was in der Schenke vorging.

„Schau sie dir an!" sagte Rool auf einmal atemlos und deutete auf eine junge, hübsche Kellnerin in der Menge. Ihm war eine Idee gekommen. „Gib mir schnell den Staub der Gebrochenen Herzen, Franjean!"

„Nein!" weigerte sich Franjean und nahm den Beutel fest in beide Hände. „Den bekommst du nicht!"

Rool streckte aber schon die Hand aus und zog und zerrte an dem Beutel, und es gelang ihm tatsächlich, ihn an sich zu reißen. Schnell wollte er sich vor Franjean in Sicherheit bringen und sprang von der Tasche auf den Boden. Doch beim Weglaufen stolperte er, purzelte eine Stufe hinunter und landete neben einer riesigen, gestreiften Katze.

Bei dem Sturz hatte sich der Beutel leicht geöffnet, und Rool war ein wenig von dem goldenen Staub ins Gesicht gekommen. Verblüfft rieb er sich jetzt die Augen. Dann blinzelte er ein wenig, sah vor sich die Katze und strahlte sie im gleichen Augenblick ganz verliebt an. „Du bist so schön!" sagte er leise, schlang die Arme um ihren Kopf und küßte sie. Die Katze schrie, fauchte ihn an und schlug mit ihren scharfen Krallen nach ihm. Erschrokken sprang Rool hoch, sauste ein Treppenpodest entlang und fiel schließlich kopfüber in ein bis oben gefülltes Bierfaß. Er schluckte ein paarmal, schwamm dann zum Rand des Fasses und ruhte sich hier erst einmal aus.

Willow beachtete Rool kaum, als der zu ihm zurückkam und zu Franjean in die Tasche kletterte. Denn inzwischen hatte Elora vor Hunger leise zu weinen begonnen. Wieder sah Willow sich in dem Raum um, ob er etwas zu trinken für sie fand. Nicht weit entfernt, bemerkte er auf dem Boden eine Schüssel Milch, die einer der Familien gehörte. Mutter und Kind hockten daneben, während der Vater mit einem großen Messer Fleisch in kleine Stücke hackte. Willow steckte Elora vorsichtig die Spitze eines Fingers in den Mund, um sie etwas zu beruhigen, und rutschte gleichzeitig näher zu der Schüssel mit Milch hin.

„Willow!“ hörte er Franjeans Stimme aus der Tasche.

„Pst! Still!“ mahnte ihn Willow und schlug leicht mit der Hand auf die Tasche.

Dann, als er nahe genug an der Schüssel war, nahm er ein Stück Tuch und tauchte es in die Milch. Da wurde er von einem Daikini-Jungen bemerkt. Als der ihm eine Grimasse schnitt, zog Willow das Tuch ängstlich zurück und verkroch sich wieder unter den Stufen. Dort schob er Elora das milchgetränkte Tuch in den Mund. Während sie durstig saugte, streckte der Daikini-Junge den Kopf unter die Treppe und starrte Willow aus glühenden Augen an. Willow fuhr erschreckt zurück und rutschte tiefer in sein Versteck, aber da gaben plötzlich die Bretter hinter ihm nach, sie brachen ein und splitterten, und Willow fiel durch das Loch hindurch in den Nebenraum.

Anscheinend waren sie in einem Schlafzimmer gelandet. Willow sah zwei Frauen, die sich gerade in fliegender Hast ihre Kleider anzogen.

„Schnell! Schnell!“ keuchte die eine. Sie war zierlich und auffallend hübsch. Dann rief sie zum Fenster, sah ängstlich hinaus, kam wieder zurück und rief: „Er ist da!“

Die zweite, eine große und kräftige Frau, trug jetzt ein langes, rötliches Kleid, einen Schal und ein Kopftuch, das ihr Haar ganz verdeckte. Sie war inzwischen dabei, sich mit vollen Händen Puder und Schminke auf ihr Gesicht und die Augen zu tun. „Wie sehe ich aus?“ fragte sie barsch und mit tiefer Stimme.

Willow zuckte zusammen. Auf Anhieb hatte er diese Stimme wiedererkannt. Nie würde er sie verwechseln oder vergessen: Es war Madmartigans Stimme. „Du? Nein!“ entfuhr es ihm. Nach der ersten Überraschung spürte er, wie wieder Ärger auf den Daikini in ihm hochstieg.

Madmartigan drehte sich mit einem Ruck um und starrte Willow mit offenem Mund an. „Woher, zum Teufel, kommst du denn?“

„Ich wußte, daß man dir nicht trauen kann“, sagte Willow statt einer Antwort. In seiner Stimme klang tiefe Enttäuschung.

Neugierig kam jetzt Franjean aus seiner Tasche herausgekrochen und sah zu Madmartigan hinauf. Der machte ein angeekeltes Gesicht. „Du hast überall Brownies an dir“, sagte er verächtlich.

Die hübsche Frau kreischte laut auf und sprang zurück. „Ich hasse Brownies!“ schrie sie.

In diesem Moment hörte man schwere Schritte näher kommen, dann flog mit lautem Krachen die Tür auf. Ein Mann stürmte ins Zimmer. Er war fast so groß wie Madmartigan. Breitbeinig baute er sich mitten im Raum auf. Er war betrunken und sah furchterregend wütend aus.

„Wo ist er?“ brüllte er.

Madmartigan zog seinen Schal höher, bis über die Nase, um möglichst viel von seinem Gesicht zu verstecken. Die hübsche Frau blickte verlegen vom einen zum andern, machte vor dem Mann einen tiefen Knicks und sagte zögernd: „Hier ist niemand außer mir und meiner — meiner Kusine.“ Sie wandte sich Madmartigan zu: „Hilda, das ist mein Mann Llug.“

Willow traute seinen Ohren nicht.

Llug schob mit einer kräftigen Armbewegung seine Frau zur Seite und ging auf Madmartigan zu. Er sah ihm prüfend ins Gesicht. Madmartigan versuchte, möglichst gleichgültig zu wirken. Er neigte ein wenig den Kopf und senkte seine stark geschminkten Augenlider. Mit einer auffallend hohen Stimme begrüßte er dann den Mann: „Guten Tag, Llug.“

Llug sah ihn noch mißtrauischer an. Er hatte jetzt Madmartigans gewaltig ausgestopfte Brüste entdeckt. Sie kamen ihm sehr unnatürlich vor. Dann fiel sein Blick wieder auf den Schal, mit dem Madmartigan versuchte, sein Gesicht zu bedecken. Und er streckte die Hand aus, um ihn herunterzuziehen. Doch Madmartigan hatte sich schnell geduckt, war mit einem Schritt bei Willow, entriß ihm das Baby und nahm es in seine Arme.

„He!" protestierte Willow. „Gib sie mir wieder!"

Madmartigan sah ihn herablassend an und schüttelte den Kopf. Dann sagte er mit verstellter hoher Stimme zu dem Mann: „Diese Zwerge sind miserable Kindermädchen!"

„Kindermädchen?!" rief Willow noch lauter. Er verstand noch immer nicht, was hier passierte. Aber er hatte Angst um Elora, Angst, daß er sie verlieren würde. Verzweifelt sprang er an Madmartigan hoch, um wieder an das Baby zu kommen. Aber der schob ihn beiseite.

„Sie sind einfach zu nervös!" fuhr Madmartigan fort. Mit einer letzten, kräftigen Handbewegung stieß er Willow zurück. Gleichzeitig machte er einen Schritt zur Tür hin.

Llug war Madmartigan mit zusammengekniffenen Augen gefolgt.

Madmartigan stand jetzt neben der Tür mit dem Rükken zur Wand, Llug stellte sich vor ihm auf, stemmte die Arme in die Seiten und fragte mit einem breiten Grinsen: „Kann ich dir vielleicht helfen?"

„Nein, danke", murmelte Madmartigan verlegen. „Ich muß gehen." Er riß die Tür auf und war draußen. Doch auf dem Gang traf er auf einen Trupp Nockmaar-Soldaten, die ihn mit Gewalt ins Zimmer zurückstießen.

Die Soldaten packten alle, die sie dort fanden. Madmartigan mit dem Baby, Willow, Llug und seine Frau, und schleppten sie in den großen, rauchigen Wirtsraum nach nebenan. Hier drängten schon andere Soldaten durch die Menge, brutal entrissen sie den Eltern die Babys, untersuchten ihre kleinen Arme und ließen die Kinder dann rücksichtslos fallen. Ein schrecklicher Lärm erfüllte den ganzen Raum. Man hörte Kinder schreien, Mütter vor Entsetzen und Angst weinen und immer wieder die Soldaten, wie sie ihre Befehle brüllten.

Willow und die anderen mußten sich, von den Soldaten mit gezogenem Schwert bewacht, nebeneinander aufstellen.

Die Brownies in Willows Tasche hatten sich bislang still verhalten, um möglichst viel von dem mitzubekommen, was sich um sie herum abspielte. Doch jetzt wurden sie ungeduldig. Sie wußten noch immer nicht, um was es hier ging. Gereizt fingen sie an, heftig und laut miteinander zu streiten. Willow legte beschwichtigend die Hand auf die Tasche und drückte sie mahnend gegen sich. Die Brownies verstanden die Warnung und wurden wieder ruhig.

Im nächsten Moment flog die Tür auf. Und mit einem Schritt stand Sorsha, Bavmordas Tochter, im Raum. Auch sie trug wie alle Nockmaar-Soldaten eine schwarze Rüstung und einen Helm. Die Augen der schönen Kriegerin blitzten streng und gefährlich. Sie ging geradewegs auf den verkleideten Madmartigan zu. „Du!“ Sie zeigte mit dem Finger auf ihn. „Bist du die Mutter dieses Kindes?“

Madmartigan hatte in diesem Augenblick vor Llug, der direkt neben ihm stand und ihn weiter mißtrauisch von der Seite anschaute, noch mehr Angst als vor den Soldaten. Er nickte: „Ja. Ja, natürlich.“

„Ich will es sehen!“ befahl Sorsha.

„Nein!“ rief Willow entsetzt und versuchte, sich zwischen Sorsha und Madmartigan zu stellen. „Sie darf nicht!“

Sorsha, fast ohne hinzusehen, schob ihn mit dem Stiefel aus dem Weg. „Ich habe dir einen Befehl gegeben, Weib!“ sagte sie mit eisiger, drohender Stimme und streckte die Hand nach dem Baby aus. Da stieß Madmartigan sie mit dem Ellbogen zur Seite, so daß sie für einen Augenblick das Gleichgewicht verlor. Doch schon hatten die Soldaten ihre Schwerter gezückt und hielten Madmartigan in Schach.

Mit kräftigem Schwung stieß Sorsha jetzt ihr Schwert in den Fußboden, daß es zitternd steckenblieb. Dann nahm sie mit beiden Händen ihren Helm ab, und das leuchtendrote Haar fiel ihr in großen, wilden Locken auf die Schultern.

Überwältigt von soviel unerwarteter Schönheit, konnte Madmartigan sie nur noch anstarren. „Bist du schön!“ hörte man ihn dann sagen. Diesmal hatte er nicht daran gedacht, seine Stimme zu verstellen.

„Und du bist sehr stark“, antwortete ihm Sorsha. Mit einem halb erstaunten, halb erschrockenen Blick faßte sie ihn schärfer ins Auge.

„Danke“, flüsterte Madmartigan und sah vor sich auf den Boden.

Sorsha trat dicht an ihn heran und schaute ihm prüfend in das noch halb verhüllte Gesicht. Dann, mit einer einzigen schnellen Handbewegung, riß sie ihm das Tuch und den Schal herunter. „Du bist keine Frau!“ sagte sie scharf.

Jetzt ging alles sehr schnell. Madmartigan stieß Sorsha mit ganzer Kraft zur Seite, raffte sein Kleid hoch und rannte, immer noch mit dem Baby im Arm, zum Fenster. Bevor jemand reagieren konnte, war er schon durch das Fenster auf den Balkon gesprungen.

In dem Raum brach Tumult los. Die Gäste nutzten die Verwirrung, um zum Ausgang zu kommen, und drängten über Tische und Bänke hinweg mit lautem Geschrei zur Tür.

Willow wurde von ihnen mitgeschoben. Er hatte Angst, überrannt zu werden. Doch die Sorge um Elora war größer. Nur mit knapper Not konnte er das Fenster erreichen, durch das Madmartigan mit dem Kind verschwunden war. Er hörte noch, wie hinter ihm Sorsha den Soldaten befahl, sofort die Verfolgung aufzunehmen. Dann sprang er nach draußen.

Freunde

Als Madmartigan auf dem Balkon gelandet war, sah er an der Hauswand ein Seil baumeln, das über eine Winde lief. Die beiden Enden hingen bis auf den Boden hinunter. An einem Ende war ein Faß befestigt. Ohne lange zu überlegen, nahm er Elora unter den linken Arm, schwang sich über das Geländer und ergriff im Sprung mit der freien Hand das Seil. Es gab nach, und er sank hinunter, während das Faß am anderen Ende gleichzeitig an Madmartigan und Elora vorbei nach oben schwebte. Dann spürte er Boden unter den Füßen. Er ließ das Seil los. Im nächsten Moment sauste das Faß durch die Luft wieder nach unten, so schnell, daß es ihn fast getroffen hätte. Gerade noch rechtzeitig war er beiseite gesprungen.

Nur wenige Meter entfernt stand ein altes Pferdefuhrwerk.

Madmartigan sah sich kurz nach seinen Verfolgern um, dann kletterte er auf den Wagen, legte das Baby zwischen die Tonnen und Säcke, setzte sich nach vorn und packte die Zügel.

„Madmartigan! Warte!“ rief Willow, der soeben vom Fenster auf den Balkon gesprungen war. Aber in dem allgemeinen Lärm konnte der ihn nicht hören.

Verzweifelt sah Willow, wie der Wagen losfuhr. Ihm blieb nur eine Möglichkeit: von oben aufzuspringen. Er zwängte sich durch das Balkongitter; und da war der Wagen schon unter ihm. Er schloß beide Augen und sprang.

Als er die Augen wieder öffnete, lag er hinter Madmartigan auf einem Sack. Der Aufprall hatte die beiden Brownies aus der Tasche geschleudert, verdutzt und hilflos purzelten sie zwischen seinen Füßen herum. Willow suchte mühsam einen Halt, denn Madmartigan jagte jetzt Pferde und Wagen aus dem Hof, als wäre der Teufel hinter ihm her. Die Leute, die aus der Schenke gelaufen waren, sprangen erschrocken nach rechts und links zur Seite. Man hörte Sorshas Soldaten wild durcheinanderschreien.

Der Wagen kam gefährlich ins Schleudern, als sie in einen Waldweg einbogen. Bei jedem Stein und jeder Baumwurzel holperte und schaukelte er, als wollte er umkippen. Auf der Ladefläche tanzten die Fässer, Willow und die Brownies wurden hin und her geworfen, daß ihnen alle Knochen weh taten. Rool und Franjean hatten Angst um ihr Leben.

Willow versuchte nun, sich um das Baby zu kümmern. Während der Wagen auf dem steinigen Weg krachend dahinraste und Madmartigan mit lautem Schreien die Pferde zu noch schnellerem Lauf anfeuerte, kroch Willow zu Elora hin.

Es schien ihr gutzugehen. Mit großen Augen sah sie ihn still und freundlich an. Madmartigan hatte ihr trotz der Eile einen recht sicheren Platz ausgesucht. Willow wickelte sie wieder fester in ihre Tücher. Als er unter dem Führersitz einen kleinen Verschlag ausmachte, der mit Stroh gefüllt war, legte er Elora vorsichtig hinein und setzte sich zu ihr. Ständig stieß er mit dem Kopf an, wenn der Wagen wieder über einen Stein hinwegholperte. So laut er konnte, schrie er Madmartigan von unten zu: „Halt! Langsamer! Halt!"

Aber Madmartigan hörte ihn nicht. Er hatte hinter sich einen Kampfwagen und zwei berittene Nockmaar-Soldaten entdeckt, die ihnen folgten. Mit lauten Rufen trieb er die Pferde an, und dazu peitschte er ihre schweißnassen Rücken wieder und wieder mit den Enden der Zügel. Auf seinem Gesicht lag ein wildentschlossener Ausdruck. Seine schwarzen Haare wehten im Fahrtwind, und das Kleid, das er immer noch trug, flatterte nach allen Seiten. Wie grüne Schatten flogen am Wegrand die Bäume an ihm vorbei.

Er sah wieder nach den Verfolgern zurück und bemerkte, daß sie ihren Abstand verringerten und schon bedrohlich nahe waren.

Bald hatten die beiden Reiter den Wagen eingeholt und galoppierten auf beiden Seiten neben ihm her. Der eine lenkte jetzt sein Pferd in vollem Lauf dicht an den Wagen heran, nahm die Füße aus den Steigbügeln und sprang auf die Ladefläche. Gleichzeitig hob der andere

Reiter seinen Bogen, legte einen Pfeil in die Sehne und zielte aus kurzer Entfernung auf Madmartigan.

„Halt den Wagen an, Madmartigan!“ schrie Willow immer noch von unten. Er konnte nicht wissen, was über ihm geschah. „Du bringst uns alle um!“

Madmartigan sah, wie der Bogenschütze anlegte. In letzter Sekunde ließ er ganz plötzlich die Zügel los, krümmte sich zusammen und warf sich rückwärts auf die Ladefläche. In diesem Moment schoß der Nockmaar-Soldat seinen Pfeil ab. Aber er traf nicht Madmartigan, sondern den Krieger auf dem Wagen. Madmartigan reagierte kurz entschlossen und stieß den tödlich Verletzten vom Wagen. Doch bevor er nach vorne klettern konnte, um die Zügel wieder in die Hand zu nehmen, sprang auch schon der zweite Reiter von seinem Pferd auf ihn. Und während der Wagen in rasendem Galopp führerlos über den rauhen Waldweg weiterdonnerte, entbrannte zwischen den beiden Männern ein Ringkampf auf Leben und Tod.

Willow kam währenddessen unter dem Führersitz hervor und sah mit Entsetzen, daß der Platz dort leer war und die losen Zügel wild herumflogen. Noch während er sie verzweifelt zu fassen versuchte, raste der Wagen auf eine dicke Baumwurzel zu, die quer über dem Weg lag. Im nächsten Augenblick schon krachten die Räder dagegen, der ganze Wagen ächzte und flog in die Höhe, Willow verlor jeden Halt, wurde nach vorne geschleudert und hing plötzlich tief unten, mitten zwischen Deichsel und Pferdegurten. Unter ihm, direkt vor seinen Augen, schien der Waldweg mit schwindelerregender Schnelligkeit vorbeizuhuschen, die nahen Hufe der Pferde dröhnten in seinen Ohren und warfen ihm bei jedem Schritt Steinchen und Erdbrocken ins Gesicht. Sein ganzer Körper schmerzte. Willow blieb fast das Herz stehen vor Angst. Dann aber, mit letzter Kraft, kletterte er wieder nach oben, langsam und vorsichtig, um nicht ganz abzustürzen. Er schaffte es, bis auf den Führersitz zu kommen.

Madmartigan war es endlich gelungen, den Nockmaar-Krieger zu überwinden. Er hob ihn hoch und warf ihn vom Wagen. Willow wollte erleichtert aufatmen, da sah er, daß die Gefahr noch nicht vorüber war, denn unaufhaltsam holte sie jetzt der Kampfwagen ein. Der Krieger hatte die Zügel zwischen die Zähne geklemmt und hob schon die Hand, um eine tödliche Flügelklinge zu schleudern.

Da griff Willow nach den Zügeln, zog mit aller Kraft daran und brachte den Wagen nach kurzer Strecke zum Halten. Der Kampfwagen schoß an ihnen vorbei.

Willow kletterte sofort unter den Sitz, um nach dem Baby zu sehen.

„Was soll das denn?“ brüllte ihn Madmartigan an. „Bist du verrückt?“

Vor ihnen auf dem Weg wendete der Kampfwagen bereits und kam nun aus der anderen Richtung auf sie zu.

„Du kannst mit Elora auf dem Wagen nicht so rasen!“ schrie Willow zurück. „Wir steigen aus!“

Ohne ihn weiter zu beachten, packte Madmartigan die Zügel und trieb die Pferde wieder an. Der Wagen fuhr so ruckartig los, daß Willow nach hinten auf die Säcke geworfen wurde.

Madmartigan hielt den Wagen in der Mitte des Weges und lenkte genau auf den Kampfwagen zu.

„Madmartigan!“ rief Willow außer sich. „Das ist Wahnsinn!“

Madmartigan jagte weiter, auf einer Linie mit dem

Kampfwagen. In rasendem Galopp stürmten die Pferde aufeinander zu. Aber in letzter Sekunde überkam den Nockmaar-Krieger Angst, und er lenkte den Kampfwagen plötzlich scharf zur Seite. Dabei verlor er die Kontrolle über die Pferde, der Kampfwagen fuhr krachend gegen einen Baum und blieb zerschmettert liegen.

Da endlich zog Madmartigan langsam die Zügel an und brachte die ermüdeten Pferde zum Stehen. Sie hatten Schaum vor dem Maul und atmeten schwer.

„Jetzt halten wir, Zwerg!“ sagte er schließlich, selbst ganz erschöpft, und stieg ab.

Nun, da die unmittelbare Gefahr vorüber war, fing das Baby zu weinen an. Willow nahm Elora vorsichtig aus ihrem Versteck und stieg vom Wagen herunter.

Die zwei Brownies, noch ganz benommen von der wilden Fahrt, kletterten ihm nach. „Was für ein verrückter Daikini!“ sagte Franjean leise und schüttelte sich.

„Nie, überhaupt nie fährt man so schnell mit einem kleinen Kind!“ rief Willow wütend.

Madmartigan zog verwundert die Augenbrauen hoch und machte eine wegwerfende Handbewegung. „Ich habe diesem Kind gerade das Leben gerettet“, meinte er ruhig.

Dann drehte er sich um, nahm die Zügelenden in die Hand und gab den Pferden einen leichten Schlag auf den Rücken. Diese setzten sich wieder mit dem Wagen in Bewegung, und alleine folgten sie weiter dem Weg in den Wald.

Sofort wandte sich Madmartigan jetzt Willow zu, hob ihn mit seinen kräftigen Händen von der Straße weg in den Graben und befahl ihm, sich flach hinzulegen.

Franjean kam ihnen schnell nachgehüpft, als er von fern Hufschläge hörte. Rool stand noch immer verständnislos auf dem Weg. „Wo bin ich?“ stöhnte er. Dann kletterte auch er in den Graben zu den anderen.

Schon kurz darauf sahen sie aus ihrem Versteck, wie die übrigen Nockmaar-Krieger den Waldweg heraufbrausten, mit Sorsha an der Spitze. Hufe donnerten vorbei. Hinter den Reitern stieg eine Staubwolke auf. Dann war es wieder ruhig.

Vorsichtig hob Willow den Kopf. Als er nichts mehr hörte, setzte er sich auf und sah Madmartigan nachdenklich an. „Ich wußte, daß ich dir nicht trauen kann!“ sagte er. „Dabei hast du auf deine Ehre geschworen, daß du für Elora sorgen wirst!“

„Hab’ ich auch!“ verteidigte sich Madmartigan. Er stand auf, wagte jedoch nicht, Willow in die Augen zu sehen. „Ich wurde aber angegriffen — von einem bösen, großen, haarigen, stinkenden ...“

„Ich stinke nicht!“ kreischte Franjean dazwischen.

Rool nickte kräftig dazu. „Franjean hat das Baby gestohlen, während du ein Nickerchen ...“

„Verschwindet!“ rief Madmartigan wütend und stampfte so heftig mit dem Fuß auf, daß der Brownie rückwärts auf den Boden fiel.

„Du hast keine Ehre“, fuhr Willow bitter enttäuscht fort.

Madmartigan sah Willow ernst und nachdenklich an und sagte leise: „Ich war einmal der beste Ritter im Königreich von Galladoorn.“ Wie zum Beweis seiner Worte hob er einen langen Stock vom Boden auf, hielt ihn wie ein Schwert, schwang ihn über dem Kopf, stieß damit zu und wehrte ab, drang vor und wich aus, wie bei einem richtigen Schwertkampf.

Willow sah ihm empört und angewidert zu. „Du bist gefühllos und brutal“, sagte er.

Franjean half Rool wieder auf die Füße. „Und verantwortungslos!" fügte er mit wichtiger Miene hinzu.

„Und gefährlich!" traute sich jetzt auch Rool zu sagen.

„Ich verfüge, daß wir ihn hinrichten!" erklärte Franjean feierlich und hob sein winziges Schwert hoch.

„Ich brauche euch nicht!" sagte Madmartigan, zu Willow gewandt, und machte eine verächtliche Handbewegung. „Ich verlasse euch jetzt. Ich muß Menschen von meiner Größe um mich haben." Dann warf er noch einmal einen Blick auf das Baby, und ein kleines, flüchtiges Lächeln huschte über sein Gesicht. „Auf Wiedersehen, mein Mädchen!" Er kitzelte die Kleine mit dem Zeigefinger, und sie lachte ihn an. Dann warf er ihr durch die Luft noch einen Abschiedskuß zu, drehte sich um und ging.

Er war noch nicht weg, da hörten sie plötzlich in der Ferne das Geheul von Bavmordas Hunden. Madmartigan blieb stehen, wandte sich zurück und rief den anderen zu: „Ihr haut besser ab, bevor die Soldaten zurückkommen!"

Willow antwortete ihm nicht. Allein gelassen sah er Madmartigan nach. Er war niedergeschlagen und verwirrt.

Mehr zu sich selbst flüsterte Willow mit tonloser Stimme: „Wir brauchen ihn nicht, Elora." Aber noch während er dies sagte, blickte er schon wieder dem Daikini nach, wie er in seinem roten Kleid in der Ferne kleiner und kleiner wurde, und ihm kamen Zweifel. Schließlich hatte sie Madmartigan doch mit seinem Mut und seiner Geschicklichkeit in der Schenke und auf der Flucht gerettet.

Elora Danan fing plötzlich laut zu weinen an. Willow

stand bewegungslos und unentschlossen da, als wartete er auf etwas. Dann aber rief er laut: „Warte, Madmartigan!“ und lief ihm nach.

Er rannte, so schnell er nur konnte, aber er kam in dem hohen Gras, das ihn fast verdeckte, nur schwer voran. Franjean und Rool folgten ihm, zwischen den Halmen hindurchlaufend.

Madmartigan setzte seinen Weg fort, ohne sich umzudrehen, und rief nur unwillig: „Geh heim, Willow! Ich dachte, du traust mir nicht.“

„Stimmt“, sagte Willow atemlos, als er Madmartigan endlich erreicht hatte und mit schnellen Schritten neben ihm herging. „Aber wir brauchen deine Hilfe.“

„Meine Hilfe?“ Madmartigan schaute geringschätzig. „Ein großer Zauberer wie du? Wieso brauchst du meine Hilfe?“

Willow schrie in ohnmächtiger Wut: „Du bist ein Krieger und ein Schwertkämpfer, und du bist zehnmal so groß wie ich, du Dummkopf!“

Da beugte sich Madmartigan zu Willow hinunter. „Willst du wirklich mein Leben noch schwieriger machen, als es schon ist?“ fragte er mit einem finsteren Gesicht.

In der Ferne hörten sie wieder die Kampfhunde heulen und jetzt auch den Lärm von Soldaten. Madmartigan warf sich im nächsten Augenblick zu Boden, um nicht gesehen zu werden. Willow hockte sich neben ihm hin, und still lauschten beide.

Nach einer Weile sagte Willow mit sanfter Stimme: „Es tut mir leid, daß ich so wütend war.“ Und er sah Madmartigan entschuldigend an.

Madmartigan erwiderte seinen Blick nur kurz, dann schaute er mit einem leichten Lächeln die Kleine an. Er streichelte ihr zärtlich über den Kopf, dann meinte er: „Schon gut. Denkt aber nicht, daß ich euch noch mal helfe." Er wandte sich ab und schwieg.

Sie warteten. Als das ferne Geheul der Hunde und der Lärm der Soldaten allmählich schwächer wurden, standen sie langsam auf und gingen weiter, ohne ein Wort miteinander zu sprechen.

Doch die Brownies waren bald wieder zu Späßen aufgelegt. Als sie zu einer Wegkreuzung kamen, marschierte Rool im Kreis herum. „Hier entlang! Oder hier entlang! Oder ...", rief er und deutete mit seinem kleinen Speer nacheinander in alle Richtungen.

„Zum See geht es über den Hügel da!" befahl Franjean und schubste Rool vor sich her auf den richtigen Weg.

Auch Madmartigan, der neben Willow marschierte, war wieder guter Dinge. „Nein, welch ein Zufall!" rief er mit gespielter Überraschung. „Genau da will ja auch ich hin!" Dann wurde er wieder ernst. Er schaute Willow an und nickte ihm zu. „Gut. Wir gehen zusammen zum See. Aber weiter nicht. Ihr wollt doch nicht nach Süden, hoffe ich!"

„Nein", antwortete Willow und versuchte, seine große Erleichterung vor Madmartigan zu verbergen. „Nicht weiter als zum See."

„Gut." Er sah auf die beiden Brownies hinunter, wedelte mit den Händen, als ob er sie verscheuchen wollte, und befahl: „Los! Ich habe Hunger. Sucht mir ein paar Eier oder sonstwas. Aber gleich!"

Die zwei winzigen Krieger gehorchten kichernd und huschten zwischen die Gräser. Doch Franjean drehte sich noch einmal um und rief hinauf: „Wir haben keine Angst vor dir!"

Madmartigan knurrte und sagte zu Willow: „Undankbare kleine Geschöpfe!“

Dann gingen sie weiter.

Fern von ihnen, in der Burg Nockmaar, ging Königin Bavmorda zwischen ihren Zauberpriestern im Thronsaal ungeduldig auf und ab. Als sich die Tür öffnete, hob sie erwartungsvoll den Kopf. Von zwei Offizieren begleitet, kam General Kael herein. Noch immer trug er den Schädelhelm auf dem Kopf. Seine schweren Schritte hallten von den hohen Wänden wider. Er trat vor Bavmorda.

„Kael“, sagte sie scharf, „habt ihr das Kind gefunden?“

Er verbeugte sich tief vor ihr und antwortete mit unsicherer Stimme: „Die Suche geht weiter, meine Königin.“

Ihre Miene verfinsterte sich. Sie ballte die Hände zu Fäusten. „Was? Mit all meiner Macht, mit meiner großen, starken Armee könnt ihr nicht dieses kleine Kind finden?“ fragte sie.

Kael hob entschuldigend die Schultern. „Wir suchen weiter. Es wird nicht mehr lang dauern.“

Bavmordas Gesicht verzerrte sich vor Wut. „Findet dieses Kind!“ rief sie schrill. „Findet dieses Kind! Die Zeit läuft ab!“

Demutsvoll verneigte sich Kael noch einmal und verließ dann eilig den Saal.

Der See

Die Brownies hatten sich in der Nähe des kleinen Lagerfeuers erschöpft hingelegt. Doch man sah, daß sie schlecht schliefen. Sie bewegten sich unruhig, und immer wieder schlugen sie im Traum um sich.

Mittlerweile riß Madmartigan das Frauenkleid in breite Streifen, um sich daraus eine Art Hose zu machen. Während er so beschäftigt war, fiel sein Blick auf Willow, der gerade nach Elora Danan sah. „Sie ist hübsch, wenn sie schläft“, meinte er.

„In Wirklichkeit ist sie eine Prinzessin“, sagte Willow und überlegte, wie er Madmartigan erklären sollte, warum es außergewöhnlich wichtig war, daß sie am Leben blieb und in Sicherheit gebracht wurde.

„Und du bist ein großer Zauberer, und ich bin der Kaiser von China“, antwortete Madmartigan spöttisch. „Wir sollten jetzt auch schlafen“, fügte er dann ernst hinzu. Im nächsten Moment hatte er sich schon hingelegt, drehte Willow den Rücken zu und schloß die Augen.

„Gute Nacht, Madmartigan“, sagte Willow leise, bekam aber keine Antwort mehr.

Er wußte noch immer nicht, was er von diesem Reisegefährten halten sollte und ob er sich auf ihn verlassen durfte. Lange dachte er darüber nach, was sie in der letzten Zeit erlebt hatten. Dann, als er sicher war, daß Madmartigan fest schlief, griff er in seinen Beutel und holte vorsichtig Cherlindreas Zauberstab heraus. Wenn er es schaffte, die Kraft dieser Zauberrute zu beherrschen, konnte er Elora jederzeit selbst beschützen und war nicht mehr auf die Hilfe anderer angewiesen. Er fühlte den

Stab in seiner Hand und konnte nicht widerstehen, ihn auszuprobieren. Er schwang ihn einige Male leicht durch die Luft und flüsterte dazu: „Tuatha — lawkathok — tuatha!"

Aus dem klaren Nachthimmel schlug plötzlich mit lautem Krachen ein greller Blitz neben ihm ein. Willow spürte, wie er gepackt und in die Luft gehoben wurde.

Madmartigan war von dem seltsamen Lärm aufgewacht, er stützte sich auf die Ellenbogen, schüttelte verwundert den Kopf und sah sich nach Willow um. „Willow!" rief er. Da fiel sein Blick nach oben. Und er entdeckte ihn hoch auf dem Ast eines Baumes sitzen, mit verdutztem Gesicht. In der Hand hielt er den Zauberstab, von dem kleine Rauchwolken aufstiegen. „Da bist du ja", murmelte er schläfrig. „Gute Nacht, Willow!" Dann legte er sich hin und war gleich wieder eingeschlafen.

Am andern Morgen waren sie zeitig aufgestanden und weitergewandert. Rool und Franjean marschierten voraus, ihnen folgte Willow, der das Baby auf dem Rücken trug. Als letzter kam Madmartigan. Er hielt aufmerksam nach allen Seiten Ausschau, konnte aber keine Gefahr ausmachen.

Nur kurz machten sie einmal Rast und setzten dann schweigend den Weg fort. Alle waren sie erschöpft. Dann, am frühen Nachmittag, erreichten sie einen Hügel. Und endlich blieben Franjean und Rool stehen und zeigten hinunter.

„Da ist die Insel!" rief Rool.

Weit unter ihnen, eingebettet in dunkle, hohe Berge, die von Wolken und tiefem Nebel fast verhüllt waren, lag das grau schimmernde Wasser des Sees. Am Ufer konnte man die wenigen kleinen Hütten eines Fischerdorfes sehen. Auch die Insel, das Ziel ihrer Reise, war zu erkennen. Dort also sollten sie Fin Raziel finden.

„Wir haben es geschafft“, rief Willow. Er konnte es noch kaum glauben.

„In dem Dorf kriegen wir ein Boot“, erklärte Franjean.

Mit neuen Kräften begannen sie den Abstieg zum See.

Aber als sie dem Ufer näher kamen, wurden ihre Schritte zögernd. Schon von weitem war ihnen aufgefallen, daß aus den Kaminen auf den Dächern kein Rauch aufstieg. Auch als sie das Ufer erreichten, konnten sie kein Lebenszeichen entdecken. Die Hütten waren verfallen, manche eingestürzt, und alle standen leer. Weit und breit war kein Mensch und kein Tier zu sehen. Das Dorf schien schon seit langer Zeit verlassen zu sein.

Mutlos und wie betäubt schaute Willow sich um, als sie die Dorfstraße entlanggingen. In gespenstischer Ruhe lag sie vor ihnen. Auch die beiden Brownies sprachen nicht mehr, und Enttäuschung stand ihnen im Gesicht geschrieben.

Nur Madmartigan war guter Laune. „Ihr seht, ich habe euch sicher hergebracht“, sagte er fröhlich, während er in den Ecken und Abfallhaufen herumstöberte, als hoffte er, dort noch irgend etwas Wertvolles zu finden.

„Du?!“ Franjean war empört. „Was hast du schon getan, du dummer Daikini? Alles was du kannst, ist herumlungern und unsere Eier fressen!“

„Und fressen und fressen und fressen!“ setzte Rool hinzu.

Madmartigan machte ein grimmiges Gesicht. „Gleich fresse ich euch, ihr kleinen ...“ Dabei schlug er mit der Hand nach ihnen, als wollte er Fliegen fangen.

Franjean sprang schnell zur Seite. „Hund von einem Daikini!“ schimpfte er.

„Ja“, kam Rools Echo, „Hund von einem Daikini!“

Willow kümmerte sich nicht um ihren Streit, sondern ging das Ufer entlang auf der Suche nach etwas, womit er zur Insel übersetzen könnte. Schließlich fand er ein altes Boot: einen großen, viereckigen Holztrog mit einer Sitzbank. Und darin lagen Fischernetze und ein Ruder, das an einer langen Stange befestigt war.

„Ich habe ein Boot gefunden!“ rief Willow den anderen zu. „Es kann weitergehen!“ Vorsichtig nahm er den Tragbeutel und legte Elora Danan behutsam am Ufer nieder.

„Gut“, sagte Madmartigan, der hinter den beiden Brownies zum See kam, „dann nimm diese beiden Eidechsen mit und ertränke sie!“ Er kniete sich neben das Baby auf den Boden. „Auf Wiedersehen, Kleines“, sagte er zärtlich und fuhr ihr mit seiner großen Hand noch einmal sanft über den Kopf. Dann stand er auf, machte kehrt und stieg zum Dorf hinauf.

„Madmartigan“, rief ihm Willow nach.

Madmartigan drehte sich widerwillig um. „Was?“ fragte er laut.

„Danke.“

Madmartigan zuckte mit den Achseln, machte eine wegwerfende Handbewegung und ging seiner Wege.

„Er wird mir fehlen“, stellte Rool traurig fest.

„Mir auch“, nickte Franjean. „Es hat Spaß gemacht, ihn zu ärgern.“

Willow stemmte sich bereits mit aller Kraft gegen das große Boot und schob es langsam zum Wasser hinunter.

„Was tust du da?“ hörte er plötzlich eine helle Stimme.

Überrascht ließ er das Boot los und richtete sich auf.

Ein kleiner Junge mit goldenen Haaren stand vor ihm, bis zur Hüfte im Wasser.

„Ich will dieses Boot ausleihen und damit zur Insel fahren“, gab Willow unsicher zur Antwort.

„Die Insel ist verflucht“, warnte ihn der kleine Junge. „Fahr nicht hinüber!“

„Verflucht?“ wiederholte Willow überrascht.

„Nimm dich vor dem See in acht!“ mahnte der Junge weiter. „Königin Bavmordas Macht herrscht hier über die Elemente.“ Mit diesen Worten tauchte er zurück ins Wasser und war verschwunden.

„Von einem Fluch hat Cherlindrea aber nichts gesagt“, murmelte Rool verwundert.

„Wir fahren aber wohl besser nicht hinüber“, meinte Willow und schüttelte den Kopf.

Franjean schob Rool mit den Ellbogen weg. „Das war doch nur ein verrückter kleiner Junge. Hör nicht auf ihn! Fin Raziel ist eine sehr mächtige Zauberin. Du mußt ihr den Zauberstab bringen!“

„Sie wird uns retten“, bestätigte Rool.

„Aber Elora werde ich nicht dorthin mitnehmen“, sagte Willow.

„Das ist eine gute Lösung.“ Franjean nickte begeistert. „Laß sie hier am Ufer zurück!“ Er stieß Rool an. Er sollte auch etwas dazu sagen.

„O ja!“ unterstützte ihn der. „Wir bleiben hier und passen auf sie auf.“

Willow überlegte angestrengt, was jetzt zu tun war. Sorgenvoll schaute er zur Insel hinüber, dann auf Elora und die beiden kleinen Brownies zu seinen Füßen. Schließlich, mit einem tiefen Seufzer, nickte er zustimmend.

Er nahm das Mädchen in die Arme, ging das Ufer hinauf und richtete ihr in einer Hütte ein notdürftiges Lager her. Dann sagte er zu ihr: „Es ist alles gut, Elora. Schlaf jetzt! Hier findet dich niemand. Und ich komme bald mit Fin Raziel zurück!“

Die Brownies, die ihm die ganze Zeit zugesehen hatten, schüttelten ihre Speere. „Wir werden sie mit unserm kleinen Leben beschützen“, sagte Franjean wichtig. Mit einem Ruck standen beide stramm wie richtige Soldaten.

Willow küßte das Baby noch einmal und verließ die Fischerhütte.

Er kehrte wieder zum Ufer zurück, schob das Boot ins Wasser und stieg ein. Die kalte graue Farbe des Himmels und die schweren Wolken spiegelten sich. Es wehte nur ein leichter Wind, und der See war ruhig. Willow nahm das lange Ruder, das weit über seinen Kopf hinausragte, in beide Hände. Nur mühsam kam er von der Stelle. Mehrmals sah er sorgenvoll zu der Hütte, in der er Elora mit den Brownies zurückgelassen hatte. Allmählich kam die kleine Insel näher. Willow sah verwundert, daß auf ihr nur wenige kahle Bäume standen, aber keine Hütte. Es schien nicht so, als könnte dort die Zauberin Fin Raziel oder überhaupt jemand wohnen. Und während er seine ganze Kraft aufwenden mußte, um das kleine Boot über den weiten See zu rudern, hatte er immer stärker die schreckliche Befürchtung, daß er die ganze Reise umsonst gemacht hatte.

Endlich erreichte er das Ufer der Insel. Er stieg langsam aus und zog das Boot an Land. Als er sich umdrehte, sah er vor sich auf dem steinigen Boden die bleichen Knochen eines Skeletts liegen. Stumm saßen schwarze Vögel in den Bäumen. Nur das leise Rauschen des Windes war zu hören.

„Raziel!“ rief Willow ängstlich, dann noch einmal,

etwas lauter: „Hallo! Fin Raziel!“ Er ging vorsichtig ein paar Schritte das Ufer hinauf bis unter einen Baum.

„Was machst du denn hier?“ hörte er plötzlich eine hohe, piepsende Stimme fragen. „Geh wieder fort!“

Die Stimme schien von oben zu kommen, und Willow hob den Kopf. Über ihm hockte ein kleines dunkelgraues Tier auf einem Ast, eine Art Wiesel. Es hatte einen buschigen Schwanz, auffallend kleine Ohren und eine spitze, rosa Nase.

Mit einem raschelnden Kratzen seiner Füße huschte das Wiesel den Ast ein Stück herunter und zischte Willow feindselig an. „Wer bist du eigentlich?“

„Ich heiße Willow Ufgood“, antwortete Willow. Er war nicht einmal erstaunt, daß sich da ein sprechendes Wiesel mit ihm unterhielt. „Ich bin hier, um die große Zauberin Fin Raziel zu finden.“

„Das bin ich“, sagte das Tier im Baum. „Ich bin Raziel.“

Ungläubig schüttelte Willow den Kopf. „Das kann nicht stimmen.“

„Bavmordas Zauber hat mich so verwandelt“, erklärte das Tier wütend.

Willow hielt es für möglich, daß dies die Wahrheit war. So viele unglaubliche Dinge waren schon auf dieser Reise passiert.

„Na gut“, meinte er dann freundlich. Er zuckte die Achseln, nahm die Zauberrute aus seiner Tasche und hielt sie dem Wiesel entgegen. „Der Zauberstab ist für dich. Er ist von Cherlindrea.“

Mit einem Satz sprang das graue Wiesel durch die Luft und landete auf Willows Schulter. „Cherlindrea!“ piepste die Stimme. „Die Weissagung ist also wahr geworden. Ist die Prinzessin geboren?“

„Ja“, sagte Willow, „und sie braucht dich.“

Mit lautem Krächzen und Flügelflattern erhob sich in diesem Moment ein Schwarm von Vögeln und flog davon. Der Himmel hatte sich mit tiefen, schwarzen Wolken überzogen. Der Wind wurde stärker und rauschte mit grimmigem Heulen über den See und die Insel.

„Versteck den Zauberstab!“ befahl Raziel. „Bavmorda weiß, daß du hier bist.“

Willow blieb vor Schreck fast das Herz stehen. Er blickte zu dem Fischerdorf am anderen Ufer hinüber und fragte ängstlich: „Was ist mit Elora Danan?“

„Schnell!“ gebot Raziel. „Wir müssen diese Insel sofort verlassen!“

Mit Fin Raziel, die sich an seiner Schulter festklammerte, hastete Willow zu dem Boot, so schnell er konnte. Es kostete ihn große Anstrengung, das Boot wieder ins Wasser zu schieben, denn der Wind peitschte die Wellen jetzt hoch. Schon trugen sie kleine weiße Schaumkronen. Er nahm das lange Ruder zur Hand, brachte aber das Boot kaum vorwärts über den unruhigen See. Bedrohlich schwankte es im Sturm und wurde von den Wellen hin und her geworfen. Da deutete Fin Raziel mit ihrer spitzen Wieselnase aufgeregt nach hinten zum Heck des Bootes. Willow drehte sich vorsichtig um und sah über dem Bootsrand zuerst eine Hand aus dem Wasser auftauchen, dann ein Gesicht. Es war der kleine Junge mit dem goldenen Haar, den er vorher getroffen hatte. Jetzt zog sich der Junge hoch und wollte zu ihnen in das schwankende Boot klettern.

„Töte ihn!“ schrie Raziel ihm voller Entsetzen ins Ohr.

Willow war erschrocken. „Nein!“ sagte er bestimmt.

„Bring ihn um!“ befahl sie ihm zum zweitenmal, am ganzen Leibe zitternd.

Willow zögerte noch immer. Dann aber packte er das Ruder, holte weit aus und schlug kräftig nach dem Jungen. Der Junge ließ das Boot los und fiel ins Wasser zurück, wo er bis über den Kopf versank. Doch sofort kam er neben dem Boot wieder nach oben, und Willow sah erstaunt, daß er jetzt wie ein Delphin aus dem Wasser schoß und dann wieder untertauchte. Immer wieder kam er aus dem Wasser geschossen. Und allmählich veränderte sich seine Körperform: Der Kopf wurde immer mehr zu einem Fischkopf, die Arme zu Flossen, die Füße zu einem breiten Fischschwanz. Plötzlich tauchte er direkt neben ihnen aus dem Wasser, so daß er das Boot streifte, und öffnete weit sein riesiges Fischmaul, in dem zwei Reihen scharfer Zähne blitzten. Willow hob wieder das Ruder hoch und ließ es auf den Fischkopf niedersausen. Ängstlich sprang Fin Raziel von seiner Schulter und versteckte sich unter Willows Sitz. Die Zähne des Ungeheuers hatten sich in den Fischernetzen verfangen, die im Boot lagen, und als es nun untertauchte, zog es die Netze hinter sich her. In diesem Augenblick bemerkte Willow, daß sich seine Stiefel festgehakt hatten. Schnell zog er sein Messer heraus, um damit das Netz durchzuschneiden. Aber es war schon zu spät. Seine Füße verloren jeden Halt, und mitsamt dem Netz zog ihn der große Fisch über Bord und unter Wasser.

Das Ungeheuer schleppte ihn mit rasender Geschwindigkeit hinter sich her. Er hatte ein ohrenbetäubendes Rauschen in den Ohren. Geistesgegenwärtig hatte er das Messer fest in der Hand behalten und versuchte nun mit letzter Kraft wieder und wieder, das Netz zu durchschneiden, das seine Füße umschlang. Endlich waren sie frei. Er kam an die Oberfläche, atmete tief durch und schwamm zum Boot zurück, das wild auf den Wellen schaukelte. Hinter sich hörte er ein heiseres Brüllen, als das Ungetüm wieder auftauchte und ihm flossenschlagend folgte.

„Schnell, Willow!“ kreischte Raziel ihm zu. „Schneller!“

Ganz außer Atem, kletterte Willow ins Boot zurück. Von unten hörte er plötzlich ein dumpfes Geräusch. Der große Fischkopf rammte das Boot, und krachend splitterten Holz und Balken. Das Ungeheuer verschwand kurz und kam erneut auf sie zu. Da erinnerte sich Willow an die Zaubereicheln. Vor Angst und Erschöpfung zitternd, kramte er in der Tasche, bekam eine zu fassen, wollte sie schnell herausholen und — ließ sie fallen. Verzweifelt suchte er mit beiden Händen den Boden ab. Von überall her strömte schon Wasser durch das Leck, das der Fischkopf geschlagen hatte. Dann fühlte Willow die Zaubereichel zwischen den Fingern, packte sie fest und stand auf. Im gleichen Augenblick tauchte vor ihm das gewaltige Maul mit den scharfen Zähnen auf. Mit knapper Not schleuderte er die Eichel in den gierigen Schlund.

Vor seinen staunenden Augen erstarrte das Ungeheuer, und sie konnten sehen, wie der ganze Fischkörper sich langsam zu Stein verwandelte. Unbeweglich und schwer wie ein Fels, sank er unter Wasser und verschwand.

Gefangen

Willow ruderte weiter dem Ufer entgegen. Er war erschöpft, und seine Arme schmerzten vor Anstrengung. Als sie endlich an Land kamen, konnte er nur ein paar Schritte gehen, dann sackte er in die Knie, Husten schüttelte ihn, und er spuckte das Wasser wieder aus, das er bei dem Kampf mit dem Riesenfisch geschluckt hatte. Er mußte erst ein wenig Kraft sammeln, bevor er mit Fin Raziel zu der Hütte hinaufgehen konnte, wo Elora Danan und die Brownies warteten.

Sie fanden das Baby friedlich schlafend. Willow zeigte es Fin Raziel und blickte sie erwartungsvoll an.

„Es ist wirklich Elora Danan. Endlich sind der Himmel und die Erde vereint", piepste Raziel leise. „Ist sie nicht schön?"

„Ist das Raziel?" flüsterte Rool und starrte dieses graue Wiesel an, das sprechen konnte.

Franjean hob verlegen die Schultern. „Ich weiß nicht", murmelte er zögernd, „ich dachte, sie ist größer — und, ich hab' sie mir überhaupt ganz anders vorgestellt."

Raziel hatte die beiden gehört, sah sie aus ihren grauen Augen strafend an und sagte mit einer leichten Ungeduld in ihrer hohen Stimme: „Willow, nimm den Zauberstab. Verwandle mich jetzt in meine menschliche Form."

Willow nickte, nahm die Zauberrute aus der Tasche, hielt sie aber unsicher in der Hand und wußte nicht, was er damit anfangen sollte. „Sag mir", bat er Raziel, „was ich jetzt tun muß."

Das überraschte Raziel. „Du bist kein Zauberer?" fragte sie ungläubig.

„Doch", antwortete Willow, senkte aber die Augen vor Raziels forschendem Blick und fügte leise und undeutlich hinzu: „Eigentlich schon, aber ... Also, ich bin ein Bauer. Aber ich kann ein paar Zaubertricks."

„Tricks?" rief Raziel mit einer noch höheren Stimme als sonst. Sie konnte fast nicht glauben, was sie hörte. „Und dich hat Cherlindrea geschickt? Man kann doch Zauberei nicht einfach mal ausprobieren — das dauert Jahre und Jahre!" Wütend und aufgeregt piepsend, rannte sie auf dem Boden der Hütte herum.

Willow hob kleinmütig die Hände. „Es tut mir leid."

Da blieb Raziel plötzlich stehen. „Still!" befahl sie ihm. Ihre Nase schnupperte in die Luft, und die spitzen Ohren horchten. „Du mußt erst noch lernen. Komm mit! Hier ist viel Böses!" Mit diesen Worten huschte sie zur Tür. Willow nahm das Baby und folgte ihr.

Als er durch die Tür trat, glaubte er, sein Herz müsse stehenbleiben.

Hoch auf ihren schwarzen Pferden, schauten drei Nockmaar-Soldaten in dunklen Rüstungen auf ihn herunter. Es sah aus, als warteten sie auf ihn. Auf einem vierten Pferd saß Madmartigan. Er hielt den Kopf gesenkt und blickte mißmutig drein. Die langen schwarzen Haare hingen ihm auf den nackten Oberkörper, und um die Hüfte trug er noch die Reste des Frauenkleides. Die Hände hatte er vor sich auf den Sattel gelegt.

Die kleinen Brownies, die hinter Willow aus der Hütte gekommen waren, wichen schnell wieder zurück und versteckten sich. Auch Raziel machte kehrt und wollte schon zur Tür hineinhuschen, als einer der Soldaten sie entdeckte, blitzschnell mit seinem Speer nach ihr stieß. Die Spitze traf, durchbohrte ihren buschigen Schwanz und blieb dann im Boden stecken.

Laut quiekte Raziel vor Schmerz.

Madmartigan hob die Hände und ließ sie wieder fallen. „Hallo, Zwerg!“ sagte er mit einem kurzen, reumütigen Lächeln. „Tut mir leid, das alles!“

Willow sah ihn mit haßerfüllten Augen an. Er fühlte sich über alle Maßen enttäuscht. Wie hatte er jemals diesem Menschen vertrauen können? Es war doch offensichtlich, daß dieser Daikini ihr Versteck jetzt an die Nockmaar-Truppen verraten hatte.

Aber da fuhr einer der Soldaten Madmartigan wütend an. „Halt's Maul!“ brüllte er, hob den Arm und schlug Madmartigan mit einem einzigen, heftigen Hieb aus dem Sattel. Hilflos blieb Madmartigan am Boden liegen. Erst jetzt sah Willow, daß seine Kleidung zerrissen und die Hände gefesselt waren. Über seinen Rücken liefen breite, blutige Streifen. „Siehst du“, lachte der Soldat ihm boshaft zu, „ich sagte doch, wir finden sie so oder so!“

Immer mehr Soldaten kamen nun die alte Dorfstraße heraufgeritten und umringten sie. Ein Offizier sah das Kind in Willows Armen, lenkte sein Pferd zu ihm und stieg ab. Er packte ihn am Arm, um ihm das Baby zu entreißen. Willow hielt es aber nur um so fester, drehte sich nach rechts und links, stieß mit den Ellbogen und seinen kleinen Füßen nach ihm und verteidigte Elora mit allen Kräften. Aber es half alles nichts. Der Offizier stieß ihn zu Boden und riß ihm das Kind aus den Armen.

Da kam, von weiteren Soldaten begleitet, jetzt auch Sorsha angeritten. Sie hielt vor Willow an, und der Offizier reichte ihr das Kind hinauf.

„Das ist das Baby, das wir suchen“, sagte er, „wir bringen es zurück nach Nockmaar.“

Raziel, die immer noch am Schwanz aufgespießt war, piepste Sorsha wütend zu: „Deine Mutter kann die Weissagung nicht aus der Welt schaffen! Dazu hat sie nicht die Macht!"

„Fin Raziel ...", sagte Sorsha, die die Stimme der Zauberin sofort erkannt hatte. Sie lächelte siegessicher. „Hast du wirklich geglaubt, meine Mutter läßt dich entkommen?" Mit einem kurzen Kopfnicken gab sie ihren Soldaten ein Zeichen. Sofort zogen zwei den Speer, der Raziels Schwanz am Boden festhielt, heraus, steckten sie in einen Beutel und banden den mit einer Schnur fest zu.

Sorshas Blick fiel jetzt auf Madmartigan, der inzwischen wieder aufgestanden war, aber sehr wacklig auf seinen Füßen schien.

Stolz saß Sorsha im Sattel und schaute von oben verächtlich auf seine zerfetzten Kleiderreste. Sie hob spöttisch die Augenbrauen. „Hast du deinen Rock verloren?"

Madmartigan erwiderte standhaft ihren kalten Blick. „Alles, was ich wirklich brauche, habe ich noch!"

„Nicht mehr lange!" sagte Sorsha mit scharfer Stimme und stieß ihm ihre Stiefelspitze so kräftig ins Gesicht, daß er ganz benommen zur Seite torkelte. Dann lenkte sie ihr Pferd an ihm vorbei und ritt davon.

Jetzt fesselten die Soldaten auch Willow die Hände, und zusammen mit den Gefangenen folgten sie ihrer Anführerin.

Als es wieder ruhig war auf der Dorfstraße, steckten Franjean und Rool vorsichtig die Köpfe aus der Tür. Sie sahen noch die letzten Nockmaar-Soldaten wegreiten, und ohne lange zu überlegen, liefen sie ihnen hinterher. Aber es war sinnlos. Mit ihren winzigen Beinen konnten sie den schnellen Kriegspferden nicht folgen. Schon nach einer kurzen Strecke blieben sie erschöpft stehen und versuchten, wieder zu Atem zu kommen.

„Diese Pferde werden wir nie einholen“, keuchte Rool.

„Dann verfolgen wir ihre Spur“, schlug Franjean vor.

„Das schaffen wir doch nie“, antwortete Rool niedergeschlagen und entmutigt. „Außerdem würde das ewig dauern. Und falls wir sie dann finden, nehmen sie auch uns gefangen und stecken uns in einen Käfig und foltern uns.“

Franjean sah ihn entrüstet an. „Meinst du denn, wir sollen nach Hause zurück?“ fragte er.

Rool dachte einen Augenblick angestrengt nach. „Nein“, sagte er schließlich und lächelte, „das hier macht viel mehr Spaß.“

Und sie standen wieder auf und marschierten auf der Straße weiter.

Am späten Nachmittag, als die Sonne schon lange Schatten warf, näherten sich Sorsha und der Trupp von Reitern und Wagen ihrem Lager. Vor ihnen ragten die schneebedeckten Berge auf, hinter denen Königin Bavmorda in Nockmaar auf sie wartete.

Die Soldaten hatte Raziel unterwegs in einen Holzkäfig gesteckt, der jetzt hinten an einem Wagen hing und bei jeder Radumdrehung auf der holprigen Straße schaukelte. Madmartigan und Willow liefen zu Fuß hinterher. Um den Hals hatten sie Ketten liegen, die am Wagen befestigt waren. Für Willow mit seinen kurzen Beinchen war der Weg sehr mühsam.

„Ich mache mir Sorgen um Elora“, sagte er. Er wußte nicht, wo sie war, konnte sie aber schon die ganze Zeit weinen hören.

„Du mußt dich an den Zauberspruch erinnern!“ rief Raziel ihm zu. „Das ist unsere letzte Rettung!“

Willow vergaß für den Augenblick seine Sorgen um Elora. Er versuchte mit größter Anstrengung, sich auf den Zauberspruch zu besinnen, den er von Elora gelernt hatte. Langsam sprach er vor sich hin: „Tanna … loth — ich habe das Wort dazwischen vergessen!"

„Locktwarr wahrscheinlich!" piepste Raziel ungeduldig. „Das ist das Wort für die Verwandlung."

„Locktwarr", sprach Willow ihr nach und wiederholte noch einmal, um es sich einzuprägen: „Locktwarr."

Sorsha war gerade an ihnen vorbei zum Ende des Trupps geritten, um zu kontrollieren, wie der Zug der Soldaten und Wagen vorankam. Mit kaum sichtbaren Bewegungen der Zügel lenkte sie ihr lebhaftes Pferd sicher. Sie saß hoch aufgerichtet und stolz im Sattel. Auch in voller Rüstung wirkte sie prächtig. Bevor sie sich wieder an die Spitze des Zuges setzte, trabte sie neben den Gefangenen her und prüfte mit strengem Blick die Fesseln.

„Sorsha", sagte Raziel aus ihrem kleinen Käfig heraus, „du erinnerst mich an deinen Vater."

Sorshas Miene verfinsterte sich. „Beleidige mich nicht! Er war ein Schwächling!"

„Er war ein Krieger", erwiderte Raziel, ihre hohe Stimme klang fast feierlich, „und ein großer König."

„Ein Verräter war er und ein Feind von Nockmaar!"

Raziel schüttelte bestimmt ihren spitzen Kopf: „Deine Mutter hat dich verdorben", sagte sie traurig.

Jetzt hörte Willow wieder das Baby weinen. Mutig schaltete er sich ein. „Elora friert und hat Hunger. Laß mich bitte nach ihr sehen! Mich kennt sie."

„Von einem Zwerg brauche ich keine Hilfe", antwortete Sorsha höhnisch. Da bemerkte sie, daß Madmartigan sie unverwandt ansah. „Was starrst du so?" fragte sie.

Gedankenverloren zögerte er einen Moment. Dann meinte er grimmig: „Ich möchte dir die Knochen brechen!“

Sorsha warf den Kopf zurück und stieß ein verächtliches Lachen aus. „Das wird nicht leicht sein, Sklave, solange ich hier oben bin und du da unten.“

Wütend zerrte Madmartigan an seinen Fesseln. „Dann komm doch, und nimm mir die Kette vom Hals!“

Sorsha lächelte nur: „Ich nehme sie dir zum Begräbnis ab!“ Dann gab sie ihrem Pferd die Sporen und galoppierte wieder an die Spitze.

Madmartigan rieb sich den wunden Hals und sah ihr lange nach. „Ich hasse diese Frau!“ meinte er leise.

Nach einem langen Marsch erblickten sie bei Sonnenuntergang endlich das große Winterlager der Nockmaar-Armee. Das unheimliche Geheul der Kampfhunde drang bis zu ihnen. Willow hob müde den Kopf. Im letzten Licht konnte er noch deutlich die dunklen Zelte auf dem weiten, schneebedeckten Hügel erkennen. Zwischen ihnen leuchteten die Lagerfeuer. Plötzlich stolperte er über einen Stein auf seinem Weg und fiel. Zu erschöpft, um wieder aufzustehen, ließ er sich willenlos an seiner Kette über den Boden schleifen. Madmartigan bemerkte es, bückte sich schnell, hob den kleinen Nelwyn hoch und setzte ihn sich auf die Schultern. Dankbar hielt sich Willow an ihm fest.

Eine riesige Gestalt kam jetzt auf sie zu. Vor dem Licht der Lagerfeuer konnten sie zunächst nur ein dunkles Schattenbild ausmachen. Es war Bavmordas General, der gefürchtete Kael.

„O nein“, murmelte Madmartigan zwischen den Zähnen, „Kael! Das hat noch gefehlt.“

Sorsha, mit der kleinen Elora im Arm, ritt General Kael entgegen. Sie hob das Kind ein wenig in die Höhe und zeigte es ihm. Aus Kaels Schädelmaske kam dumpf ein langgezogener, triumphierender Schrei hervor, der wie das Brüllen eines wilden Tieres klang. Nebeneinander ritten sie ins Lager ein.

„Was machen sie jetzt mit ihr?" fragte Willow entsetzt. Aber er erhielt keine Antwort.

Im Lager wurden sie sofort von Soldaten umringt. Man nahm ihnen die Halsfesseln ab und stieß sie in ein dunkles Verlies. Krachend fiel hinter ihnen eine Gittertür zu. Den Holzkäfig, in dem Raziel noch immer saß, hatten die Soldaten an ein hohes Gestell mit Tierhäuten und Rüstungen gehängt.

Madmartigan hielt die Gitterstäbe umklammert und beobachtete aufmerksam das Lager.

Willow hatte in der Ecke eine Schale gefunden, kniete vor ihr am Boden und rührte darin Schnee und Erde zu einem schmutzigen Brei zusammen. Raziel sah ihm von oben zu. Dann schien Willow fertig zu sein. Er setzte sich auf und begann den Zauberspruch.

„Hither waltha bairn deru, bordak bellanockt ...", sprach er langsam und feierlich.

„Ist das deine Zauberkunst?" fragte Madmartigan. Er deutete auf den Brei. „Das riecht ja fürchterlich!"

„Das ist der Funke des Lebens", erklärte Willow bedeutungsvoll, „er formt sich ..."

„Trotzdem stinkt es!" unterbrach ihn Madmartigan mißmutig. „Diese ganze Sache hier stinkt!"

„Hör nicht auf ihn, Willow", piepste Raziel. „Er ist ein Narr." Madmartigan warf ihr einen bösen Blick zu. Aber Raziel ließ sich nicht beeindrucken und befahl Willow: „Sag den Spruch noch einmal!"

Mit Cherlindreas Zauberrute rührte Willow nachdenklich in der Schüssel mit dem dunklen Brei herum. „Erde, Wasser, Himmel. Was fehlt jetzt noch?"

„Feuer", sagte Raziel. „Es muß alles zu feiner Asche verbrennen."

„Aber wie soll ich hier an Feuer kommen?" fragte Willow, wieder ganz entmutigt. Alle Fackeln und Lagerfeuer waren unerreichbar weit.

In aller Ruhe kramte Madmartigan einen Feuerstein aus der Tasche, zeigte ihn Willow und kratzte dann damit an den eisernen Gitterstäben entlang. Ein glitzernder Funkenschauer regnete über seine Hand herab. Er lächelte bissig. „Hör nicht auf ihn!" ahmte er Raziels Stimme nach und blickte sie dabei durchdringend an. „Er ist ein Narr!" Mit einemmal hörte er jemand mit schweren Schritten näher kommen. Schnell steckte er den Feuerstein in die Tasche zurück. Im nächsten Augenblick stand General Kael vor ihm.

Kael starrte Madmartigan durch die schwarzen Augenhöhlen seiner Maske an. „Wir kennen uns", sagte die dumpfe Stimme.

„Nein. Ich würde mich an dich erinnern", sagte Madmartigan und schüttelte langsam den Kopf.

„Madmartigan", dröhnte es

„N-nein!" Beim Klang seines Namens war Madmartigan unwillkürlich einen Schritt vom Gitter zurückgewichen. Ihm wurde heiß, und kleine Schweißperlen standen ihm auf der Stirn, als er sagte: „Madmartigan ist tot!"

„Das ist gut!" tönte es aus der Maske wie Donnergrollen. „Er hat mir meine Frau gestohlen."

„Die meine auch", sagte Madmartigan mit gespielter Empörung, „und dafür habe ich ihn getötet. Ich bin ein großer Schwertmeister. Laß mich hier raus, und ich gewinne diesen Krieg für euch."

Kael trat mit einem schnellen Schritt vor, griff mit den Händen durch das Gitter, packte Madmartigan bei der Kehle und zerrte ihn zu sich her, bis er mit dem Kopf an die Eisenstäbe stieß, und hob ihn hoch. „Dieser Krieg ist schon gewonnen!" sagte die dunkle Stimme. Dann ließ Kael Madmartigan plötzlich los, daß er rückwärts auf den Boden fiel, und stampfte durch den Schnee in die Dunkelheit.

Mühsam erhob sich Madmartigan, sein ganzer Körper tat weh, aber noch mehr schmerzte diese Demütigung. „Wenn ich nur ein Schwert hätte ...", murmelte er fast tonlos. Dann sprang er auf, als hätte er wirklich ein Schwert in der Hand, und führte Willow wieder einen seiner seltsamen Schattenkämpfe vor. Er griff an, wich aus, wirbelte den Arm über den Kopf und nach allen Seiten, ganz so, als ob er gegen mehrere Gegner gleichzeitig kämpfte.

„Wenn du nur nicht immer wieder davon anfangen würdest!" seufzte Willow laut.

Dann wandte er sich von neuem seiner Zauberschale zu. In diesem Moment aber hörte er Elora weinen. Er hob den Kopf und horchte auf den klagenden Ton. „Elora ist krank", sagte er mit sorgenvoller Stimme, „niemand kümmert sich um sie."

„Willow", ermahnte ihn Raziel, „diese Sorgen helfen jetzt nicht weiter. Führ deine Arbeit zu Ende. Mach den Zauberstab zu deinem eigenen. Du mußt mich noch heute nacht zurückverwandeln!"

„Heute nacht?" Willow erschrak. „Ich bin noch nicht soweit!"

„Solltest du aber sein", sagte Raziel streng.

Bevor Willow etwas erwidern konnte, hörten sie erneut das knirschende Geräusch von Stiefeln im Schnee. Schnell griff Willow in die Schale, knetete den Brei zu einer Kugel, wickelte sie in einen Fetzen Tuch und stopfte alles in seine Tasche.

Ein Offizier Sorshas öffnete die Gittertür, kam auf Willow zu, packte ihn und stieß ihn vor sich her. „Zwerg!" knurrte er ihn an. „Du kommst mit mir!" Er schleppte ihn hinaus und schlug die Gittertür hinter sich wieder zu. Sie traf Madmartigan, der Willow folgen wollte, mitten ins Gesicht.

Im Lager der Schwarzen Reiter

Mit schnellen Schritten brachte der Offizier Willow durch den Schnee zu einem der größeren Zelte und schob ihn durch den Eingang ins Innere. Brennende Fackeln und eine Feuerstelle gaben dem fast leeren Raum ein warmes Licht. In einer Ecke war aus Pelzen und Decken ein einfaches Ruhelager hergerichtet. Daneben hing ein langer Vorhang bis auf den Boden.

Willow wartete unruhig, was als nächstes auf ihn zukommen würde. Da schlug eine Hand den Vorhang zur Seite, und Sorsha kam hervor. Sie trug noch ihre Rüstung, hatte aber den Helm abgenommen, und die rotschimmernden Locken umrahmten das Gesicht der jungen Frau. Sie hatte das Baby im Arm. Elora weinte kläglich und hustete, als müßte sie ersticken.

„Das Baby hat irgend etwas", sagte Sorsha unwillig.

„Beruhige es!“ Sie legte das Kleine schnell in Willows Arme.

„Sie hat Fieber“, murmelte Willow erschrocken. Er fühlte sogar durch die vielen Tücher hindurch, wie heiß Elora Danans kleiner Körper war, ihr Gesicht hatte eine hitzig rötliche Farbe. „Das sieht böse aus.“

Sorsha machte eine wegwerfende Handbewegung. „Dann tu was, Zwerg!“ befahl sie.

„Sie ist zu eng gewickelt; sie kann ja kaum atmen“, stellte Willow fest und fing an, ihr mit einer Hand die Tücher um Gesicht und Arme herum zu lockern.

„Denkst du, sie hat Hunger?“ fragte Sorsha, immer noch ungeduldig, aber gleichzeitig hörte Willow Sorge in ihrer Stimme. „Ich habe versucht, sie zu füttern, aber sie spuckt alles aus. Ich bin keine Mutter!“

In Willows Armen hörte das Baby allmählich auf zu weinen. Er sah Sorsha an. „Mein Sohn Ranon“, erzählte er, „hatte auch einen solchen Husten und wäre fast gestorben.“ Er dachte nach, was jetzt zu tun war. Da kam ihm eine Idee. „Wir brauchen heißen Dampf. Hier!“ Und damit hielt er Sorsha das Baby wieder hin.

„Nein!“ rief Sorsha erschrocken und machte einen Schritt zurück. „Sie fängt nur wieder zu weinen an.“

Aber Willow blieb beharrlich. „Nimm sie auf den Arm“, erklärte er ihr, „und lege sie an deine linke Schulter. Das hat sie gern.“

Unsicher nahm ihm Sorsha die Kleine ab. Ruhig und friedlich lächelnd, lag Elora in ihrem Arm, während Sorsha mit ihr ein wenig im Zelt herumging. Willow trat zur Feuerstelle und hängte einen Kessel mit Wasser an einen Haken über den Flammen. Mit dem Rücken zu Sorsha holte er heimlich die Lehmkugel aus seiner Tasche, wickelte sie rasch aus und entzündete sie am Feuer.

„Wer ist eigentlich dieser schreckliche Freund von dir?“ hörte er Sorsha hinter sich fragen. Mit ungewohnter Hand klopfte sie dem Baby leicht den Rücken.

„Meinst du Madmartigan?“

Sorshas Stimme klang verächtlich, aber auch neugierig. „Madmartigan, ja. Wer ist er?“

„Ich weiß auch nicht viel über ihn“, antwortete er aufrichtig.

„Er hat viel Mut“, sagte sie nachdenklich.

Und Willow fügte das wenige hinzu, was er von Madmartigan wußte: „Er ist ein sehr berühmter Schwertmeister.“

Sorsha brach in spöttisches Lachen aus. „Das werden wir ja sehen!“

Willow spürte mit einemmal, daß die Lehmkugel zu Asche verbrannt war, und ließ sie erschrocken fallen. Das Wasser im Kessel siedete schon. Schnell drehte er sich nach Sorsha um, stellte sich so, daß sie die Asche nicht bemerken konnte, und wies sie an: „Bring Elora hierher, an den Wasserdampf! Die ganze Nacht muß jemand bei ihr bleiben und aufpassen, daß sie richtig atmet.“

Sorsha sah ihn wortlos an, und Willow konnte Furcht in ihrer Miene sehen. Das hatte er erreichen wollen. Sie nahm das Baby hoch und brachte es zu ihm an die Feuerstelle, wo aus dem Kessel schon weiße Dampfwolken aufstiegen. Sie reichte ihm die Kleine und sagte streng: „Sie darf nicht sterben, Zwerg! Meine Mutter will sie lebend.“ Dann wandte sie sich ab, ging zu ihrem Ruheplatz in der Ecke des Zeltes und legte sich zum Schlafen hin.

Willow drehte sich wieder zum Feuer. Vorsichtig schob er die Asche der verbrannten Lehmkugel zu einem

Häufchen zusammen, nahm sie in die Hände und steckte sie in seine Tasche. Danach richtete er für Elora aus Fellen ein kleines Bett am Boden und setzte sich neben sie, um die ganze Nacht hindurch darüber zu wachen, wie ihr kleiner Atem ging.

Der Morgen dämmerte schon. Mit einem Ruck fuhr Madmartigan aus tiefem Schlaf hoch, als Willow wieder in den Käfig zurückgebracht und die Gittertür mit lautem Krachen zugeschlagen wurde.

„Was war los?“ fragte Madmartigan.

„Elora ist krank“, erklärte Willow, „aber es geht ihr schon besser.“ Zufrieden blickte er zu Fin Raziel hinauf. „Raziel, ich hab’s geschafft. Ich habe es zu Asche verbrannt.“

„Dann sind wir ja soweit. Gut.“ Raziel nickte aufgeregt mit dem kleinen Wieselkopf. „Du mußt mich verwandeln. Schnell! Hol mich runter!“

Willow sah sich um und fand einen Stock am Boden. Er nahm ihn auf und versuchte damit, Raziels Holzkäfig herunterzuheben. Aber sosehr er sich streckte, der Stock war für ihn nicht lang genug. „Madmartigan, hilf mir!“ rief er.

Madmartigan stand verschlafen auf und nahm Willow den Stock aus der Hand. Aber auch mit seinen langen Armen reichte er nicht ganz bis zu Raziel hinauf. Er sprang, so hoch er konnte, und jetzt mußte er getroffen haben, denn plötzlich löste sich der Holzkäfig, sauste nach unten, kam mit lautem Krachen auf und brach auseinander. Madmartigan verlor das Gleichgewicht, schlug mit den Kopf an die Eisengitter und fiel hin.

Verblüfft hatte sich Raziel am Boden wiedergefunden. Sie schüttelte sich, kam aus den Resten ihres Käfigs herausgekrochen und huschte auf ihren flinken Pfoten zu Madmartigan, der noch immer dalag. Ärgerlich biß sie ihn ins Ohr.

„Au-au-au-au!“ brüllte Madmartigan und hielt sich den Kopf. „Willow, warum hilfst du mir nicht! Nimm diese Bisamratte weg!“

Raziel war entsetzt. „Bisamratte!“ rief sie aus. „Wenn ich wieder menschliche Form habe und Cherlindreas Zauberstab benützen kann, dann öffne ich euern Käfig, vernichte die Armee der Schwarzen Reiter und bringe Elora Danan nach Tir Asleen, wo sie in Sicherheit sein wird!“ Mit diesen Worten lief sie jetzt schnell zu Willow und schlug ihre kleinen Zähne in seinen Zeigefinger.

„Au!“ schrie nun Willow. „Was soll denn das?! Warum beißt du mich plötzlich?“

Ruhig, als wäre nichts geschehen, antwortete Raziel: „Du brauchst drei Tropfen von deinem Blut, um mich verwandeln zu können.“

„Gut, aber kannst du das nicht vorher sagen?“ sagte Willow, fast wieder besänftigt.

Raziel gab ihm schon weitere Anweisungen. „Jetzt reibe den Zauberstab damit ein! Mach ihn zu deinem eigenen!“

Ganz vorsichtig berührte Willow den Zauberstab mit der kleinen Fingerwunde. Madmartigan sah ihm wie gebannt zu.

„Welches ist die größte Kraft eines Zauberers?“ fragte Raziel.

„Sein Wille“, antwortete Willow.

„Gebrauche ihn!“ befahl sie. „Erinnere dich an den Spruch. Laß dich durch nichts ablenken! Es ist sehr anstrengend.“

Dann herrschte atemlose Stille.

Willow hob den Zauberstab, vergaß alles um sich herum und konzentrierte sich ganz auf den Zauberspruch, der Raziel ihre menschliche Form wiedergeben sollte. Langsam und leise begann er zu sprechen.

„Wir sind da!“ platzte da eine vorlaute, hohe Stimme in die Stille hinein, und mit einem fröhlichen „Hallo, allerseits!“ sprang Franjean in den Käfig.

„Ihr seid gerettet!“ piepste Rool hinterher.

Raziel und Madmartigan drehten sich gleichzeitig zu ihnen um. „Still“, flüsterten sie in scharfem Ton.

Ganz überrascht blickten die Brownies zu ihnen auf und machten ein enttäuschtes Gesicht.

Zum zweitenmal begann Willow mit seinem Zauberspruch.

Diesmal war es Madmartigan, der dazwischenredete und Raziel leise fragte: „Wie wirst du denn aussehen, Raziel, wenn es klappt?“

„Still!“ zischte Raziel. „Keine Unterbrechung!“

„Entschuldigung“, murmelte Madmartigan kleinlaut.

Willow sprach weiter: „Luatha danalora ...“

Raziel sah Madmartigan aus ihren kleinen, schwarzen Augen an und flüsterte ihm zu: „Ich bin jung und schöner, als du dir überhaupt vorstellen kannst.“

Madmartigan schaute einen Moment zweifelnd auf das Wiesel in seinem grauen Pelz, während er in Gedanken das Bild einer jungen, hübschen Raziel vor sich hatte. „Konzentriere dich, Willow!“ befahl er mit erwartungsvollem Lächeln.

Willow hatte die Augen geschlossen, dachte an nichts anderes mehr als an den Zauberspruch und legte die ganze Kraft seines Willens in die Worte, die er jetzt mit großer Anstrengung sprach: „Danalora — avalorium — greenan luatha, danu, danu, danalora luatha danu!“

„Nein, Willow!“ rief Raziel atemlos. „Falsch! Falsch!“ Ihre Stimme klang seltsam, fast wie ein schrilles Krächzen. Auf einmal war ihr Tierkörper in ein geheimnisvolles Licht gehüllt, Kopf und Pfoten zuckten und zitterten, die Haare in ihrem Fell stellten sich auf, nahmen eine neue Form an und wurden — zu lauter schwarzen Federn. Als das leuchtende Schimmern wieder verschwand, war Raziel in eine Krähe verwandelt.

Willow brach erschöpft zusammen, ließ den noch rauchenden Zauberstab auf den Boden fallen und rieb sich die wunden Hände.

„Oh!“ flüsterte Franjean. „Das hat der Nelwyn aber vermasselt!“

„Nicht schlecht, Willow!“ hörte man Madmartigan. Er war beeindruckt von der Zauberkraft, über die Willow verfügte. Er bückte sich und half ihm wieder auf die Füße. „Alles in Ordnung?“ fragte er besorgt.

Aber bitter von sich enttäuscht, schüttelte Willow den Kopf. „Wie sollen wir jetzt hier herauskommen?“ Er war entmutigt.

„Oh!“ rief Franjean eifrig. „Ihr wollt hier raus?“

„Kein Problem“, sagte Rool, „wir knacken das Schloß.“

„Tut mir leid, Raziel“, entschuldigte sich Willow niedergeschlagen. Er konnte seinen Blick noch immer nicht von dem Vogel zu seinen Füßen abwenden.

„Mein Fehler!“ krächzte Raziel verärgert. „Du warst noch nicht soweit. Ein Bauer! Cherlindrea schickt mir einen Bauern!“ Verzweifelt rannte sie auf dem Boden herum und schlug hilflos mit ihren schwarzen, glänzenden Flügeln.

Die zwei Brownies kletterten an den Gitterstäben hinauf, und Rool versuchte mit seinem winzigen Speer, das

Schloß aufzubrechen. Gespannt sah ihnen Madmartigan von oben zu. Nachdem Rool es mehrmals ohne Erfolg versucht hatte, schubste ihn Franjean ungeduldig mit dem Ellbogen zur Seite. „Nein, nein, nicht so!“

„Kommt“, unterbrach sie Madmartigan und beugte sich zu ihnen hinunter, „laßt es mich versuchen.“

„Hau ab, du dicker, blöder Daikini!“ fuhr Franjean ihn an und schlug ihm mit dem kleinen Beutel, der an seinem Gürtel hing, auf die Nase. Wie goldene Funken regnete der Staub der Gebrochenen Herzen über Madmartigans Gesicht. Er nieste einmal kräftig und schüttelte verwundert den Kopf.

Franjean hatte inzwischen seinen Speer noch einmal angesetzt und ihm einen kräftigen Stoß gegeben. Mit einem leisen Klicken sprang das Schloß auf. „Na also!“ rief er triumphierend aus. „Ihr seid frei!“

Quietschend öffnete sich die schwere Gittertür. Willow rannte schon los, aber Madmartigan rieb sich immer noch erstaunt die Augen. „Komm, Madmartigan“, forderte ihn Willow auf, „wir müssen Elora hier herausholen!“

Benommen und mit einem traumverlorenen Blick richtete sich Madmartigan auf und folgte Willow.

„Wartet!“ krächzte Raziel hinter ihnen her. „Was ist mit mir?“ Wild flatterte sie mit ihren Flügeln, hopste dabei ein wenig in die Höhe, nahm schließlich Anlauf und flog in den dämmernden Morgenhimmel.

Willow, mit den zwei Brownies auf den Schultern, lief Madmartigan voraus durch das Lager, in dem noch tiefe Stille herrschte. Nur einige Wachen gingen vor den Zelten langsam auf und ab. Leise und unbemerkt schlich Willow weiter. Als er bei Sorshas Zelt ankam, sah er, daß Madmartigan ein ganzes Stück hinter ihm zurückgeblieben war. Wie auf einem Spaziergang schlenderte er zwischen den Zelten hindurch. Er hatte den Kopf in den Nacken gelegt und betrachtete entzückt den Himmel.

„Madmartigan!“ flüsterte Willow ihm zu.

„Sieh dir diesen Himmel an, Willow!“ sagte Madmartigan mit seltsam sanfter Stimme. „Die Sonne kommt schon herauf, aber man kann noch alle Sterne sehen. Ist das nicht wunderbar?“

Willow starrte ihn maßlos verblüfft an. War das noch Madmartigan, der kühne Krieger? Die beiden Brownies auf Willows Schulter aber warfen sich verstohlen schuldbewußte Blicke zu, als sie merkten, was sie mit dem Feenstaub angerichtet hatten.

„Ist alles in Ordnung?“ fragte Willow Madmartigan beunruhigt.

„Ja!“ Madmartigan nickte begeistert. „Ich fühle mich gut!“ Er lächelte entspannt und glücklich.

Willow blickte ihn noch immer verständnislos an. Dann aber brachte er ihn entschlossen zu Sorshas Zelt, hob leise die Zeltwand hoch, und beide schauten hinein.

„Auf den Fellen dort habe ich Elora zurückgelassen“, flüsterte er Madmartigan zu.

„Laß mich hineingehen“, bat Madmartigan. Und ehe Willow widersprechen konnte, kroch Madmartigan schon auf allen vieren ins Innere des Zeltes, zu dem kleinen Bett hinüber, das Willow Elora auf dem Boden hergerichtet hatte. Langsam schlich Madmartigan weiter. Da fiel sein Blick auf die schlafende Sorsha, er hielt plötzlich an und verharrte regungslos.

Sorsha hatte ihre Rüstung abgelegt und lag in einem langen, hellen Hemd vor Madmartigan, in tiefen Schlaf versunken. Ihr seidiges rotes Haar war über dem Fell ausgebreitet, auf dem sie ruhte, und ihr zartes, junges

Gesicht schimmerte im Glanz des warmen Feuers. Es schien der Anblick einer schlafenden Göttin. Noch nie hatte Madmartigan etwas so Schönes gesehen. Langsam näherte er sich, beugte sich vorsichtig über sie und küßte sie sanft. Dann flüsterte er kaum hörbar der Schlafenden zu: „Ich liebe dich."

Willow und die zwei Brownies beobachteten die Szene mit wachsender Unruhe. „Oh! Oh, oh!" stammelte Rool erschrocken.

„Madmartigan, was machst du da?" flüsterte Willow streng und deutete mit der Hand verzweifelt zu Elora hinüber. „Los!"

Madmartigan schaute hoch. Es schien, als hätte er Willow verstanden und sich an seine Aufgabe erinnert. Aber dann richtete er sich auf den Knien auf, preßte beide Hände an sein Herz und rief aus: „Oh, Sorsha! Erwache aus diesem Schlaf! Er beraubt mich der Schönheit deiner Augen."

Sorsha öffnete mit einem kurzen Blinzeln die Augen. Einen Moment lang glaubte sie zu träumen, als sie Madmartigan über sich erblickte. Aber dann schoß ihre Hand unter der Decke hervor, ein Dolch blitzte auf und zielte genau auf Madmartigans Brust. Sie zischte ihn an: „Noch eine Bewegung, Wahnsinniger, und ..."

Madmartigan aber streckte verlangend die Arme nach ihr aus und rief entzückt: „Du bist mein Mond, meine Sonne, mein Sternenhimmel. Ohne dich lebe ich in der Finsternis. Ich liebe dich!"

Willow war fassungslos. Das konnte er nicht einen Augenblick länger mit ansehen. Er kroch in das Zelt hinein und kam unbemerkt an dem seltsamen Paar vorbei. Behutsam nahm er Elora vom Boden hoch und wandte sich vorsichtig dem Ausgang zu.

„Was tust du hier?" hörte er, wie Sorsha Madmartigan mit strenger Stimme fragte.

„Deine Macht hat mich verzaubert, und ich bin hilflos dagegen", sagte Madmartigan leidenschaftlich. „Ich will dich in meinen Armen verehren!"

„Weg von mir!" zischte Sorsha ihn an. Sie war jetzt sicher, einen Verrückten vor sich zu haben. Als Madmartigan sich nicht bewegte, fuhr sie blitzschnell mit dem Dolch in der Hand hoch und hielt ihn Madmartigan an die Kehle. Zitternd berührte ihn die Spitze.

Er sah Sorsha tief in die Augen. „Ich liebe dich."

„Hör damit auf!" schrie ihn Sorsha an.

„Kann ich das Schlagen meines Herzens bestimmen?" flüsterte er sanft, packte ihre linke Hand, führte sie an seine nackte Brust und preßte sie sich ans Herz.

Sorsha drückte die Dolchspitze fester gegen seine Kehle. „Es schlägt aus Furcht!" preßte sie zwischen den Zähnen hervor.

„Aus Liebe!" erwiderte Madmartigan mit fester Stimme, ohne die geringste Angst in seinem Blick.

„Ich kann es beenden." Sorshas Augen blitzten wütend. „Ich töte dich."

„So nahe bei der Liebe ist der Tod ohne Bedeutung", sprach Madmartigan feierlich. „Deine Berührung ist tausend Tode wert." Er ließ ihre Hand los und senkte die Arme. Sorsha aber nahm die Hand nicht von seiner Brust. Ein Schauer lief durch ihren Körper, ihre Hände und Arme begannen langsam zu zittern. Wie von einer unwiderstehlichen Kraft fühlte sie sich hingezogen.

Plötzlich wurde mit einem kräftigen Schwung die Zeltwand am Eingang zur Seite geschlagen, und General Kael trat herein. In seinen riesigen Händen trug er Willow, der immer noch Elora Danan festhielt.

„Was ist hier los?" fragte Kael mit seiner dröhnenden Stimme. Als er Madmartigan und Sorsha erblickte, warf er Willow mit der Kleinen nachlässig auf einen Haufen Stroh.

Sorsha löste sich von Madmartigan und erhob sich. Da fiel ihr Blick auf den leeren Schlafplatz der Kleinen.

„Betrüger!" schrie sie und stürzte sich mit erhobenem Dolch auf Madmartigan.

Madmartigan schlug ihr den Dolch aus der Hand, rollte zur Seite, um Sorshas Schwert zu packen, das neben ihrem Bett auf dem Boden lag, und stieß dabei einen Zeltmast um. Während das Dach des Zeltes schon in sich zusammenfiel, sprang er mit dem Schwert in der Hand auf. Dann stürzte das Zelt ein, und es wurde dunkel um sie herum. Mit einer einzigen Bewegung schnitt Madmartigan die schwere Zeltwand von innen auf und sprang ins Freie. Sofort war er von einem Trupp Soldaten, die durch den Schnee auf ihn zukamen, umzingelt.

Er verteidigte sich gegen alle zugleich, und jetzt, mit dem Schwert in der Hand, zeigte sich, daß seine Geschicklichkeit unübertrefflich war. Mit Bewegungen, die so schnell waren, daß man ihnen kaum mit den Augen folgen konnte, wehrte er einen Hieb von vorn ab, griff zur Seite an, wich wieder einem Stoß aus, drehte sich auf der Stelle, führte einen Angriff nach hinten, zog das Schwert im Bogen über den Kopf, schlug nach vorne zu, ließ die Waffe wie ein Rad kreisen — kein Nockmaar-Krieger konnte an Madmartigan herankommen.

Während er sich gegen die Übermacht verteidigte, hatten sie sich unmerklich vom Zelt weg zum Rand des Abhangs bewegt, der bis in das tief verschneite Tal hinunterreichte.

Inzwischen war auch Willow, mit der kleinen Elora in

seinen Armen, aus dem zusammengestürzten Zelt gekrochen. Mit großen Augen beobachtete er jetzt Madmartigan, wie er einen Soldaten nach dem andern zu Boden streckte. Für Madmartigan war der Kampf schon fast beendet. Und als sein Blick nun auf Willow fiel und er die Bewunderung in seinen Augen sah, hielt er einen Augenblick inne, lachte ihm zu, senkte sein Schwert und verbeugte sich stolz wie ein Schauspieler. Doch dann stolperte er fast über einen Schild, der plötzlich über den glatten Schnee auf ihn zugerutscht war. Da kam ihm eine Idee.

„Willow!" rief er laut. „Spring auf den Schild!"

In diesem Augenblick erschien Kaels riesige Gestalt vor dem Zelt. Weithin ertönten seine Befehle: „Bogenschützen! Reiter! Bringt sie mir!"

So schnell er konnte, rannte Willow zu dem Schild. Auf allen Seiten sah er schon Bogenschützen, die in Stellung gingen und die Pfeile aus dem Köcher holten. Er kletterte auf den Schild, rutschte nach vorn, um Platz für Madmartigan zu lassen, suchte mit den Füßen Halt und drückte Elora mit beiden Armen an sich. Aber Madmartigan blieb noch stehen. Er drehte sich inmitten der schußbereiten Bogenschützen um und schaute suchend nach Sorsha.

Sie stand vor dem Zelt neben General Kael.

„Ich habe dich nicht betrogen, Sorsha!" rief er ihr mit lauter Stimme zu. „Ich liebe dich!"

Sorsha sah ihm bewegungslos zu, wie er jetzt, unter einem dichten Hagel von Pfeilen, auf den Schild sprang. Er setzte sich hinter Willow und hielt ihn mit seinen starken Armen fest. Wie auf einem Schlitten sausten sie den verschneiten Abhang hinunter.

Raziel, die sich die ganze Zeit ängstlich versteckt gehalten hatte, flog jetzt wieder über ihnen. Immer noch aufgeregt, krächzte sie heiser und unverständlich und flatterte wild mit den Flügeln.

„Ihnen nach!“ befahl Kael den Soldaten im Lager. Ein Trupp Reiter galoppierte schon den steilen Abhang hinunter, um den kleinen Schlitten zu verfolgen.

Erst jetzt krabbelten auch Franjean und Rool unter der Zeltwand hervor. „Wo sind sie alle?“ fragte Franjean und blickte verwirrt nach allen Seiten.

Rool konnte ihm keine Antwort geben, er zuckte nur schweigend mit den Schultern und kratzte sich ratlos den Kopf.

Flucht

Willow saß zwischen Madmartigans Beinen und hielt vor sich die Kleine fest, als sie auf dem Schild immer schneller und schneller zu Tal schlitterten. Über ihnen folgte Raziel, und ihr sorgenvolles Krächzen begleitete die wilde Fahrt. Oben am Abhang waren schon die Nockmaar-Reiter zu sehen, aber ihre Pferde stapften mühsam durch den Schnee.

Willow blieb fast das Herz stehen, als ihr Schlitten über eine Schneewehe flog und hart auf dem Boden aufschlug. Sie fuhren mit rasender Geschwindigkeit. Der Wind schmerzte ihnen in den Ohren und erstickte Willows Angstschrei: Unaufhaltsam näherten sie sich einem Wald.

Madmartigan steuerte, so gut es ging, den Schlitten

mit dem Gewicht seines Körpers, und es gelang ihm, ihn unversehrt zwischen den vorbeihuschenden Bäumen hindurchzulenken und vorbei an den Felsen, die aus dem Schnee ragten.

Plötzlich erhob sich eine riesige Mauer aus blankem Eis vor ihnen.

Willows Blick wurde starr vor Schreck. Er schloß die Augen und fühlte nur noch, wie der Schild auf die Eismauer zuraste. Aber im letzten Augenblick warf Madmartigan sich mit der ganzen Kraft seines Körpers auf eine Seite, sie fuhren eine Kurve und sausten in eine enge Gletscherspalte hinein. Auch Raziel wäre fast gegen die hohe Eismauer gestoßen, schnell flog sie höher in den Himmel hinauf und verlor die Gefährten aus den Augen, als sie in dem Gletscher verschwanden.

Die schmale Eisröhre, durch die sie jetzt rasten, schien kein Ende zu nehmen. Rumpelnd und schlingernd, laut knirschend und Eiskristalle sprühend, wurde der Schild auf der spiegelglatten Rutschbahn noch schneller als im Schnee. Dann ging es plötzlich nicht mehr bergab, sondern aufwärts, und im nächsten Augenblick rasten sie auf einer Bahn, die in einer Kurve steil nach oben stieg und fast im Kreis wieder herunterführte. Einige Sekunden lang hingen sie mit den Köpfen nach unten. Dann sausten sie schon wieder abwärts und aus der Eisröhre hinaus — hoch durch die Luft.

Madmartigan und Willow schrien beide vor Entsetzen auf, als sie weit unter sich den Abhang sahen, aber Elora Danan schien sich in Willows Armen wohl und sicher zu fühlen, sie gluckste und lachte vor Vergnügen. Mit solch einer Wucht setzte der Schild dann auf dem Boden auf, daß Madmartigan jeden Halt verlor und in hohem Bogen heruntergeschleudert wurde, bevor Willow überhaupt merkte, was geschah. Ihm hatte der harte Aufprall fast den Atem genommen. Er sah nur noch, daß Madmartigan in einer riesigen, weißen Wolke von Schnee hinter ihnen zurückblieb.

Steuerlos trug der Schlitten jetzt nur noch Willow und Elora Danan. Weiter rutschten und holperten sie in kleinen Sprüngen über Schneebuckel und versteckte Felsbrocken tiefer ins Tal hinunter, wo Willow jetzt ein kleines Dorf erkennen konnte. Allmählich wurde der Abhang flacher und die Fahrt langsamer. Kurz vor den ersten Hütten des Dorfes lehnte sich Willow, ohne Elora loszulassen, mit seinem kleinen Gewicht zur Seite und brachte den Schild in einer leichten, langsamen Drehung endlich zum Stehen.

„Ist alles in Ordnung, Elora?“ fragte Willow, noch ganz außer Atem. Sie gluckste wieder und bewegte zufrieden ihre kleinen Arme. „Es wird alles gut, wenn du erst nach Tir Asleen kommst“, sagte Willow beruhigend.

Er blickte auf und sah sich von den Kindern des Dorfes umringt, die neugierig ihn und den Schlitten betrachteten. Plötzlich deutete eines von ihnen zum Abhang, und aufgeregt sahen sie nach oben und hüpften und schrien dann vor Vergnügen.

Willow folgte ihrem Blick. Ein riesiger Schneeball kam von dort oben angerollt, der bei jeder Umdrehung neu Schnee ansetzte und immer größer wurde. Schon war er ganz nahe, kugelte knapp an ihnen vorbei die Straße hinunter und mitten ins Dorf hinein. Verdutzt sprangen die Leute zur Seite, als sie die weiße Kugel auf sich zukommen sahen. Dann prallte sie an eine Hausmauer, und große Schneebrocken flogen nach allen Seiten.

Willow lief mit Elora auf dem Arm schnell zu der Menge, die sich um den riesigen Schneeball versammelte. Plötzlich stieß ein Schwert aus der weißen Kugel und hieb sie mit kräftigen Schlägen auseinander. Und aus dem Schnee heraus kroch Madmartigan, weiß von oben bis unten, und schüttelte sich.

„Madmartigan!“ rief Willow, der gleichzeitig überrascht und erleichtert, aber auch noch wütend war.

Madmartigan machte ein paar unsichere Schritte auf ihn zu und blinzelte benommen. „Was ist denn geschehen?“ fragte er undeutlich und blickte zurück auf den Abhang. Er wußte nicht, wie er aus dem Lager hierhergekommen war.

„Du hast Poesie vorgetragen!“ erklärte ihm Willow mit Empörung in der Stimme. Nach der ausgestandenen Angst kam sein ganzer Ärger über Madmartigans Verhalten wieder hoch.

„Was?“ Madmartigan starrte ihn verständnislos an.

„‚Ich liebe dich, Sorsha, ich verehre dich, Sorsha!‘ — Sie hätten uns alle umbringen können!“

Madmartigan schüttelte verwirrt den Kopf. Er konnte keine Ordnung in seine Gedanken bringen.

„‚Ich liebe dich, Sorsha‘?“ Das kam ihm unglaublich vor. „Ich hasse sie!“ protestierte er. „Sie hat mir ins Gesicht getreten.“

Bevor Willow etwas erwidern konnte, hörten sie über sich das aufgeregte Flattern von Raziels Flügeln und ihr lautes Krächzen. „Kael! Kael!“ schrie sie.

Die Dorfbewohner drehten sich erschrocken um und sahen zum Berg hinauf. In ihren Augen lag Furcht. Einen Augenblick lang war Stille. Dann rief einer voller Entsetzen: „Nockmaar-Soldaten!“, und Männer, Frauen und Kinder rannten nach allen Richtungen auseinander in den Schutz ihrer Hütten.

Madmartigan hielt einen Mann fest, der an ihm vorbeilief. „Sie sind hinter uns her!" sagte er hilfesuchend. Der Mann nickte, und im nächsten Augenblick wurden Willow und Madmartigan durch eine nahe Tür ins Innere einer Hütte geschoben. Kaels Reitertruppe hatte schon das Dorf erreicht, und das wütende Donnern der Hufschläge kam immer näher.

Eine Falltür wurde aufgeschlagen. Schnell stiegen sie über eine schmale Holztreppe in einen kleinen Vorratskeller hinunter und zogen die Falltür hinter sich zu. Erst allmählich gewöhnten sich Willows Augen an die Dunkelheit. Durch die Spalten in der Tür fielen nur schwache Lichtstrahlen zu ihnen herunter. Willow sah jetzt, daß sich in dem Keller, zwischen Regalen und Kisten, schon andere Männer versteckt hielten. Alle blickten gebannt nach oben. Sie warteten schweigend.

Eine schwere Hand legte sich auf Madmartigans Schulter. „Ich wußte, daß du aus diesem Rattenkäfig herauskommst!" hörte man eine Stimme.

Mit einem Ruck fuhr Madmartigan herum, packte den Mann an den Armen, stieß ihn gegen die Wand und hielt ihn fest. „Du hättest mich da sterben lassen, Airk!" stieß er heiser hervor.

Der Mann war Airk, Madmartigans einstiger Kampfgefährte.

Airk blickte ihn ruhig an. „Vielleicht habe ich dir das Leben gerettet", sagte er düster. „Unsere Truppe wurde vernichtet. Ich habe viele tapfere ..."

„Bleibt ruhig!" unterbrach sie einer der Männer scharf.

Madmartigan sah, daß in dem Keller Airks letzte Krieger Zuflucht gefunden hatten. Viele waren verwundet und trugen notdürftige Verbände um Kopf und Arme. Sie wirkten erschöpft und mutlos.

Schon hörte man draußen Hufschlag, dann schwere Stiefelschritte. Jetzt waren sie in dem Raum über ihnen, Stühle, Geschirr und Vorräte wurden krachend umgeworfen. Durch die Lichtspalten der Falltür rieselte Staub auf die Treppenstufen herunter. Eine Frauenstimme befahl, gab scharfe Befehle. „Durchsucht alles. Jeden Winkel. Los!" Es war Sorshas Stimme.

Die Männer im Keller wagten nicht mehr zu atmen. Willow drückte Elora fest an sich.

Die Soldaten hatten in der Hütte nichts gefunden. Sie waren schon dabei, den Raum wieder zu verlassen. Sorsha warf noch einen letzten, prüfenden Blick hinter sich.

Da fing plötzlich Elora zu weinen an. Die Soldaten blieben stehen, zogen ihre Schwerter und blickten sich suchend um, aus welcher Richtung der Laut kam. Da hörten sie Vogelgeschrei. Im nächsten Augenblick war Raziel in die Hütte geflogen, flatterte mit ihren schwarzen Flügeln, wie verrückt schlagend, um sie herum, dann nach oben zwischen die Dachbalken und im Bogen wieder herunter. Dazu schrie und krächzte sie so laut und anhaltend, daß außer ihrer Stimme nichts anderes mehr zu hören war. Die Soldaten waren getäuscht, ließen die Waffen sinken und verließen nacheinander den Raum.

Draußen hatte sich schon ein Trupp der Krieger versammelt, die nun unter Kaels Führung aus dem Dorf ritten, um die Suche am Flußufer fortzusetzen.

Unten im Keller atmeten sie jetzt erleichtert auf. Willow hatte Elora seinen Finger in den Mund gesteckt, versuchte sie zu beruhigen und sang ihr mit leiser Stimme ein Schlaflied ins Ohr.

Als mit den letzten drei Soldaten nun auch Sorsha aus der Hütte gehen wollte, fiel ihr Blick auf den Boden. Sie zögerte und blieb plötzlich mißtrauisch stehen. Mit dem

Stiefel schob sie Staub und verstreute Getreidekörner beiseite, und deutlich sah sie nun die Umrisse der Falltür. Sorsha bückte sich und schlug die Tür mit einem kräftigen Ruck auf.

Wie die Männer unten sahen, daß sich die Kellertür öffnete, kauerten sie sich unwillkürlich tiefer in ihre Verstecke. Von oben fiel jetzt ein helles, staubiges Licht auf die Treppe. Einen Augenblick lang geschah nichts, dann stieg Sorsha, ihr Schwert in der Hand, vorsichtig die Treppe hinunter. Ein Soldat folgte ihr, zwei andere hielten an der offenen Falltür Wache.

Jetzt stand Sorsha am Fuß der Kellertreppe. Noch hatten sich ihre Augen nicht an das Halbdunkel gewöhnt, da stürzten Airk und Madmartigan aus ihrem Versteck. Airk riß dem Soldaten, der noch auf der Treppe war, die Füße unterm Leib weg und schlug ihn nieder. Madmartigan sprang auf Sorsha zu, sie aber wich blitzschnell zur Seite aus und rief befehlend nach oben: „Hierher!" Die beiden Soldaten sprangen die dunkle Treppe hinunter, so schnell sie konnten, doch erstarrten, als sie sahen, daß Madmartigan Sorsha mit einem Arm festhielt und ihr mit der freien Hand seinen Dolch gegen den Hals drückte. Langsam schob er Sorsha vor sich her die Treppe hinauf, an den Soldaten vorbei, die nicht wagten, ihn anzugreifen, aus Angst um Sorshas Leben.

Für Airks Krieger war es in dieser Situation ein leichtes, die Soldaten zu entwaffnen. Sie drängten sie in eine Ecke und ließen ein paar Männer als Wache bei ihnen. Die anderen folgten Madmartigan nach oben. Elora weinte leise auf Willows Arm.

„Halte dieses Baby ruhig!" fuhr ihn Airk mit gedämpfter Stimme an.

Niemand sprach ein Wort, als sie dann in dem Raum

nebeneinanderstanden. Auf ihren Gesichtern waren Anspannung und Erschöpfung zu lesen.

Willow legte Elora auf den Fußboden, lockerte die Tücher, in die sie eingehüllt war, und fing an, ihre Windel zu wechseln.

„Verbrecherpack!" knirschte Madmartigan, als er mit einem Blick aus dem Fenster sah, wie die letzten Nockmaar-Soldaten draußen auf der Suche nach dem Kind die Hütten verwüsteten.

Sorsha warf den Kopf herum. „Ihr werdet uns nie besiegen!" rief sie unerschrocken. „Übergebt uns das Baby!" Verzweifelt versuchte sie, sich aus dem eisernen Griff freizukämpfen, mit dem Madmartigan sie umklammerte. Er hielt sie nur noch fester und legte ihr die Hand auf den Mund, um sie am Schreien zu hindern.

Airk hockte neben Willow am Boden und betrachtete aufmerksam das Baby. „Warum will Bavmorda dieses Kind überhaupt?" fragte er ihn.

„Sie ist eine Prinzessin", antwortete Willow, während er Elora wieder in ihre Tücher wickelte. „Wir bringen sie nach Tir Asleen."

„Tir Asleen?" Airk war völlig überrascht. „Dort lebt seit Jahren niemand mehr! Auch wenn du es finden würdest, Zwerg", er deutete mit einer Kopfbewegung auf Sorsha, „sie hat ganz recht: du kämst nie an den Nockmaar-Soldaten vorbei!"

„In Tir Asleen gibt es eine große Armee, die uns vor Bavmordas Kriegern schützt. Wir müssen nur hinkommen", sagte Willow zuversichtlich. Airk schüttelte nur leise den Kopf, stand auf und ging zu Madmartigan ans Fenster. Willow knüpfte sich einen neuen Beutel zurecht, mit dem er Elora auf dem Rücken tragen konnte.

„Ich habe mehr als die Hälfte meiner Männer im

Kampf gegen Bavmorda verloren“, meinte Airk nachdenklich zu Madmartigan, „und jetzt wollt ihr es mit ihr aufnehmen, du und dieser Zwerg? Du hast immer erklärt, du wolltest niemandem dienen, Madmartigan. Seit wann hast du denn Ideale?“

Madmartigan blickte weiter zum Fenster hinaus und antwortete ihm nicht.

„Er wird dir nicht helfen, Zwerg“, wandte sich Airk wieder an Willow. „Er ist nichts weiter als ein Dieb!“

Madmartigans Kopf flog herum. „Ich bin kein Dieb!“

„Er ist kein Dieb“, sagte jetzt auch Willow, sah dann aber Madmartigan mit einem langen Blick an. „Oder doch?“ Wußte er denn, wer Madmartigan wirklich war?

Madmartigan senkte die Augen. Er schien nachzudenken. Schließlich sah er Airk entschlossen an. „Ich diene dem Nelwyn, Airk“, sagte er langsam. „Willst du uns helfen?“

„Ihr schafft es niemals, Madmartigan“, lehnte Airk ab und schüttelte den Kopf.

„Dann werden wir uns wieder einmal voneinander verabschieden.“

Madmartigan wandte sich mißmutig ab.

Die Krieger nahmen ihre Waffen auf, prüften ihre Rüstung und rückten sie zurecht.

„Eines Tages steht einer von uns am Grab des anderen“, murmelte Airk barsch.

Madmartigan sah ihn durchdringend an. „Hoffentlich nicht schon heute!“ Er öffnete vorsichtig die Tür, sah sich um, packte Sorsha unnachgiebig fest und verließ mit ihr die Hütte. Willow folgte mit dem Baby. Ein ganzes Stück weg durchsuchten noch immer Nockmaar-Soldaten die letzten Hütten. Madmartigan half Willow auf eins der Pferde hinauf, die vor dem Eingang standen.

Dann ergriff er die Zügel eines zweiten und stieg auf, Sorsha mit kraftvollem Griff vor sich in den Sattel hebend. Sie wehrte sich in seinem Arm und schrie laut auf. Ein Nockmaar-Offizier hörte sie und drehte sich suchend um. Schon waren die beiden Pferde von Soldaten umstellt, und Pfeile richteten sich schußbereit auf Willow und Madmartigan.

„Die Waffen nieder, oder sie stirbt“, drohte Madmartigan.

Einen Augenblick war kein Laut zu hören, die Waffen blieben erhoben, aber kein einziger Pfeil wurde abgeschossen.

„Los, Willow!“ befahl Madmartigan.

Willow trabte langsam aus dem Kreis der Soldaten heraus und davon. Vorsichtig blickte er über die Schulter zurück. Madmartigan lenkte sein Pferd mit kleinen Schritten aus dem Dorf, Sorsha hielt er noch immer vor sich im Sattel fest. Als Madmartigan außer Reichweite der Pfeile war, drehte er sein Pferd plötzlich herum, ließ es mit den Vorderhufen hoch in die Luft steigen und lachte herausfordernd zu den Soldaten zurück. Dann galoppierte er Willow hinterher.

„Auf die Pferde!“ schrie der Offizier seine Männer an. „Ihnen nach!“

Im gleichen Augenblick aber brachen Airk und die anderen Krieger aus ihrem Versteck in der Hütte und griffen die Nockmaar-Soldaten an. Jetzt kamen auch einige Dorfbewohner aus ihren Hütten hinzu, zunächst nur vereinzelt, dann immer mehr. Wütend schwangen sie Stöcke, Schaufeln und Speere über ihren Köpfen. Einer der Soldaten konnte dem Handgemenge entfliehen, sprang auf sein Pferd und wollte Willow und Madmartigan nachreiten.

„Laß sie!“ schrie der Offizier ihm zu und schlug sich los. Er sah, daß Kampf und Verfolgung aussichtslos waren. „Zu Kael!“ befahl er, und zu zweit galoppierten sie aus dem Dorf, während sich hinter ihnen der Rest ihrer Leute gegen Airks Krieger und die Dorfbewohner zur Wehr setzte.

Durch das Gebiet von Nockmaar

Sie ritten immer höher in das schneebedeckte Gebirge hinein. Steil ging der Pfad bergauf, und die Hufe ihrer Pferde suchten mühsam Halt bei jedem Schritt. Während sie langsam weiterkletterten, kam ein scharfer Wind auf, und ein Schneesturm trieb den Reitern eisige Flokken ins Gesicht.

Willow hatte Elora aus ihrem Beutel nach vorn genommen, wo sie unter seinem schweren Umhang warm und sicher lag. Erst als sie den Gipfel überschritten hatten und der Weg wieder nach unten führte, legte sich der Wind allmählich, und die Luft wurde wärmer. Der Schnee war hier schon zu großen weißen Flecken zusammengeschmolzen, und dann hatten sie ihn ganz hinter sich gelassen.

Willow lockerte ein wenig den Umhang und ließ Elora wieder freier atmen. Weiter ritten sie durch das felsige Tal, der Burg Tir Asleen entgegen.

Der Weg dorthin führte durch das Gebiet von Nockmaar hindurch. Das Tal, das sie durchqueren mußten, war von schwarzen Vulkanbergen umstellt. Auf einer kahlen Anhöhe erhob sich der dunkle Schatten der Burg Nockmaar mit ihren Mauern und Türmen.

Sorsha sah zu der Burg ihrer Mutter hinauf, und wieder versuchte sie, sich aus Madmartigans Griff zu lösen. Er packte ihre Arme so fest, daß sie schmerzten.

Sie befanden sich jetzt in einer verwinkelten Schlucht mit hohen Felswänden, ängstlich tänzelten die Pferde und hoben schnaubend die Köpfe. Immer wieder zweigten Wege ab nach rechts und links. Weit über ihnen flog Raziel und gab mit lautem Krächzen die Richtung an. „Hier entlang!" schrie sie und flatterte ein Stück voraus.

Endlich kamen sie aus der engen Schlucht heraus. Vor ihnen lag ein schmales Tal.

Als sie eine Weile geritten waren, zeigte Willow auf einmal erschrocken zurück. „Dort!" rief er aufgeregt.

„Was ist das?" fragte Madmartigan, der nur einen kleinen schwarzen Punkt am Horizont sah.

„General Kael", sagte Sorsha. „Er kommt, um mich zu holen."

„Er wird dich nicht kriegen", sagte Madmartigan, ohne sie anzusehen. „Und das Kind auch nicht!"

Ihre Augen glühten. „Er wird dich mit Vergnügen in Stücke reißen", zischte sie ihn an.

„Schnell!" krächzte Raziel über ihnen. „Schnell!"

Madmartigan führte die Pferde wieder seitwärts und in eine Schlucht hinein, wo sie für ihre Verfolger nicht mehr sichtbar waren. Sie ritten, so schnell sie konnten.

„Es wird noch alles gut", flüsterte Willow Elora Danan zu, überzeugend und beinahe andächtig. „Du mußt keine Angst haben. Es wird schon gutgehen!"

Immer tiefer kamen sie in die Schlucht hinein, und der Weg wurde so rauh und steinig, daß die Pferde nur noch langsam und unsicher ihre Hufe aufsetzten.

„Willow!“ rief Madmartigan von hinten, und seine Stimme klang fast fröhlich. „Was macht mein kleines Mädchen?“

„Es schläft.“ Willow blickte in das lächelnde Gesicht Eloras, die an seiner Brust friedlich eingeschlafen war. „Du erinnerst mich an Mims und Ranon, als sie Babys waren“, sagte er gedankenverloren. Bedrohlich hoch und dunkel ragten die Felswände der Schlucht auf. Willow schauderte. „Wie geht es wohl meiner Familie?“ sagte er leise zu sich selbst.

Sorsha wand sich unruhig in Madmartigans Griff. „Du hältst mich zu fest“, beklagte sie sich.

„Ich möchte nicht, daß du fliehst“, sagte Madmartigan bewegungslos.

„Warum nicht? Weil ich dein Mond bin?“ fragte sie höhnisch und blickte ihm mit Verachtung ins Gesicht. „Deine Sonne? Dein Sternenhimmel?“ Sie sah wieder nach vorne. „Was wirst du mit mir machen?“ wollte sie nach kurzer Pause wissen.

„Ich bringe dich zu deinem Vater“, gab Madmartigan zur Antwort.

Sie zog überrascht die Augenbrauen zusammen. „Ich weiß nichts von meinem Vater. Er bedeutet mir nichts.“

„Raziel sagt, er ist ein großer König.“

Sorsha blickte Madmartigan an. „Ihr werdet nie nach Tir Asleen finden“, meinte sie düster.

Dann ritten sie eine Weile schweigend weiter. Madmartigan sah nachdenklich vor sich hin. „Habe ich wirklich diese Sachen gesagt zu dir?“ fragte er endlich.

„Du sagtest, du liebst mich“, erwiderte Sorsha leise und schaute ihn dabei nicht an.

„Ich kann mich nicht erinnern.“ Madmartigan klang verwirrt.

„Du hast mich angelogen."

„Nein", widersprach er. „Ich — ich war nicht bei mir letzte Nacht ..."

„Vermutlich hat dich mein Zauber gefangen, und du warst wehrlos dagegen", warf sie ihm spöttisch vor.

„So etwas Ähnliches ..." Er brach plötzlich ab und schüttelte kurz den Kopf, um Klarheit in seine Gedanken zu bringen.

„Und weiter?" fragte sie und wandte ihm unwillkürlich ihr Gesicht zu.

„Ich weiß es wirklich nicht. Ich hab's vergessen", antwortete er.

„Vergessen? ‚Ohne dich wohne ich in der Finsternis', und — das hast du schon wieder vergessen?" Zutiefst verletzt und wütend, stieß sie ihren Arm nach hinten und traf Madmartigan in die Magengrube. Einen Augenblick lockerte er seinen Griff. Sie ließ sich blitzschnell zur Seite fallen, kam mit den Beinen auf, rannte sofort los, zurück in die Schlucht.

Mit einem Satz war auch Madmartigan aus dem Sattel und lief ihr mit großen Schritten hinterher. Erst als Sorsha einen lehmigen Bach durchquerte, erreichte er sie, versuchte sie zu fassen, und beide stürzten in das flache Wasser. Sorsha wehrte sich heftig gegen Madmartigan, der sie mit seinen Armen packte. Sie kämpfte keuchend, schlug wild schreiend um sich, Wasser spritzte auf, dann hielt Madmartigan sie mit seinen starken Händen fest. Schwer atmend und wortlos standen sie da. Sie sahen einander verwirrt in die Augen.

„Schnell!" hörten sie in diesem Moment Raziels Stimme von oben. „Die Soldaten! Schnell!"

Schon konnten sie von weitem aus der Schlucht das Echo von Hufschlägen wahrnehmen. Madmartigan sprang auf und zog Sorsha mit sich hoch. Wieder stieß sie wütend mit Ellbogen und Füßen nach ihm.

„Sie kommen!“ krächzte Raziel aufgeregt. „Fort!“

Madmartigan hatte Sorsha hinter sich her zu seinem Pferd geschleppt. Als er versuchte, sie in den Sattel zu schieben, stieß sie ihm zum zweitenmal den Arm in die Seite und entkam seinem Griff. Außer sich vor Wut, wollte er ihr nachlaufen.

„Madmartigan!“ rief Willow, der schon lostrabte. „Komm zurück!“

„Ihr habt keine Zeit zu verlieren!“ schrie Raziel.

Madmartigan machte zögernd und unwillig kehrt. Nur langsam stieg er auf sein Pferd. Er blickte Sorsha unschlüssig nach, während der Lärm der galoppierenden Nockmaar-Reiter schon immer lauter wurde und näher kam. Endlich wandte er sich ab, und bald hatte er Willow wieder eingeholt.

Gerade rechtzeitig konnten sie die Pferde noch anhalten. Vor ihnen war der enge Weg zwischen den Felswänden durch eine undurchdringliche Wand aus Dornenhecken versperrt.

„Raziel!“ rief Willow hilflos. „Wir müssen zurück!“

„Mach drei Feuer, immer drei Schritte auseinander, und zerstöre Bavmordas Mauer!“ befahl Raziel.

Überrascht, aber ohne lange zu zögern, sprangen beide aus dem Sattel, um zu tun, was Raziel sagte.

In aller Eile schlug Madmartigan Funken aus seinem Feuerstein und entzündete die Dornenhecke.

„Den vierten Gesang der Einheit!“ rief Raziel Willow zu.

Willow überlegte konzentriert. „Tuatha luminockt tuatha!“

„Alle beide!“ ordnete Raziel von oben an.

Madmartigan sah erstaunt in die Luft, dann auf Willow. „Ich auch?“ fragte er veständnislos.

Willow antwortete nicht. „Tuatha luminockt tuatha!“ sagte er noch einmal laut.

„Tuatha — lumi ..., wie heißt das?“ wollte Madmartigan wissen.

Eine Flamme schoß plötzlich in der Dornenmauer in die Höhe.

„Tuatha luminockt tuatha!“ riefen jetzt Willow und Madmartigan gleichzeitig. „Tuatha luminockt tuatha!“

Die Dornenhecke brannte lichterloh, brennende Zweige und Funken flogen durch die Luft, und plötzlich war sie vor ihren staunenden Augen verschwunden.

Als Kael, zusammen mit seinen Reitern und Sorsha an der Stelle ankam, sahen sie von der Dornenmauer nur noch ein paar flackernde und glühende Zweige. Willow und Madmartigan waren verschwunden.

Tir Asleen

Willow und Madmartigan hatten die dunkle Schlucht endlich hinter sich und ritten in ein weites, blühendes Tal ein. Sie hielten ihre Pferde an und blickten schweigend hinunter. In der Ferne war eine prachtvolle Burg zu sehen, die friedlich in der Morgensonne glänzte.

„Tir Asleen!“ krächzte ihnen Raziel zu.

„Wir sind gerettet!“ rief Willow erleichtert und lächelte wieder, zum erstenmal nach all den überstandenen Gefahren.

„Beeilen wir uns!“ Madmartigan wußte, daß sie erst hinter den Mauern der Burg in Sicherheit waren. Er galoppierte wieder los.

Das Tor der Burg stand halb offen, als wollte es die Reiter auffordern hereinzukommen. Als sie aber in den Burghof ritten, ließ Raziel plötzlich einen langen, gequälten Schrei hören. Die Bewohner von Tir Asleen standen bewegungslos und starr im Hof herum, durch einen bösen Zauber gefangen: Sie waren eingesperrt in steingraue, fast undurchsichtige Kristallblöcke.

Willow und Madmartigan stiegen langsam ab und näherten sich den versteinerten Figuren.

„Hallo!“ rief Madmartigan und wieder: „Hallo!“ Aber nur ein hohles Echo kam als Antwort von den grauen Mauern zurück.

„Oh, Elora“, flüsterte Willow verängstigt, „es ist furchtbar hier. Es tut mir so leid ...“

Madmartigan ging in heller Wut auf Willow zu. „Warum habe ich nur auf dich gehört, Zwerg? ‚Alles wird gut, wenn wir erst in Tir Asleen sind!‘“ machte er ihn nach. „Die einzige Armee, die es hier gibt, kommt gleich dieses Tal entlang und vernichtet uns.“

Willow sah verständnislos vor sich hin. „Cherlindrea hat gesagt, wir sind sicher hier.“

„Sicher?“ Madmartigan rannte aufgebracht hin und her und deutete auf die versteinerten Menschen. „Schau dir diese Leute an! Die Burg ist verflucht, überall fällt sie schon in Stücke, und ...“ Er betrachtete plötzlich seinen Fuß. Er war mit dem Stiefel in etwas Weiches getreten. Es stank fürchterlich.

„Trolle! Wie ich sie hasse!“ rief er angewidert aus und wischte seinen Stiefel an einem Büschel Gras ab.

Raziel ließ sich flatternd auf einem der Steinblöcke

nieder, in dem ein großer, bärtiger Mann gefangen war. „Der König!“ schrie sie entsetzt.

„Sorshas Vater?“ fragte Madmartigan und versuchte, ihn deutlicher zu sehen.

„Das ist Bavmordas Werk.“ Raziel schlug verzweifelt mit ihren Flügeln. „Willow“, befahl sie, „den Zauberstab!“

Willow blickte sie überrascht an. „Bist du sicher?“ fragte er.

Aufgeregt krächzend nickte sie mit ihrem Vogelkopf. Sie hatten jetzt keine andere Wahl, als es noch einmal zu versuchen.

Während Willow sich auf die Verwandlung vorbereitete, durchsuchte Madmartigan das Innere der Burg. In der Waffenkammer fand er alles, was ein Krieger brauchte: Rüstungen, Speere, Armbrüste, Pfeile und Bogen, Schwerter und Schilde. Vor der schimmernden, goldglänzenden Rüstung, die einst der König von Tir Asleen getragen hatte, blieb er stehen und betrachtete sie nachdenklich.

Im Burghof hatte Willow die Zauberrute in die Hand genommen.

„Schnell, Willow!“ trieb ihn Raziel zur Eile an. „Verwandle mich!“

Willow wurde so nervös, daß seine Hand zuckte und er den Zauberstab beinahe fallen ließ.

„Ich kann es nicht, Raziel“, sagte er hilflos, „ich bin eben kein Zauberer.“

„Aber du kannst einer werden!“ schrie Raziel unnachgiebig. „Und zwar jetzt! Sag den Spruch — und werde eins mit deinen Worten!“

Willow senkte die Augen, atmete tief durch und fing noch einmal an. „Greenan luatha tye thonda peerstar“, sprach er feierlich. Er fühlte Schmerzen in seinem Arm aufsteigen. Dann wurde er von dröhnendem Lärm unterbrochen. Er schaute mit einem Blick zur Seite durch das offene Tor zur Burg hinaus.

General Kael und seine Reiterarmee näherten sich der Burg mit donnerndem Hufschlag. Schon kamen sie das Tal entlang, die Kampfhörner ertönten, und die gezogenen Schwerter blitzten in der Sonne. Unter ihnen ritt Sorsha, mit ihrem roten, im Wind wehenden Haar.

Erschrocken brach Willow den Zauberspruch ab.

„Willow!" kreischte ihm Raziel mit veränderter Stimme zu.

Er drehte sich nach ihr um und erstarrte. Statt einer Krähe hatte Raziel jetzt die Gestalt einer weißen Ziege angenommen. Er machte einen vorsichtigen Schritt auf sie zu, aber Raziel sprang zurück und lief vor ihm davon.

„Warte, Raziel!" rief er ihr verzweifelt nach. „Komm zurück!"

Aber Raziel meckerte nur enttäuscht und verschwand hinter den Mauern.

Niedergeschlagen machte sich Willow in der Burg auf die Suche nach Madmartigan. Er ging über Treppen und durch Säle hindurch und fand ihn schließlich oben auf der Burgmauer, damit beschäftigt, einen Katapult vorzubereiten. Willow blieb stehen und staunte ihn mit großen Augen an. Madmartigan trug die goldene Rüstung des Königs, und ein strahlender Glanz ging von ihm aus. In diesem Moment sah Willow sich davon überzeugt, daß Madmartigan wirklich ein großer Kämpfer war.

Madmartigan behielt die herannahende Nockmaar-Armee im Auge. Willow kletterte neben ihm die Zinnen hoch, um auch etwas zu sehen.

„Lade den Katapult, Willow!" kommandierte Madmartigan mit einem kurzen Seitenblick. Er dachte jetzt nur noch an den nahen Kampf, und seine Stimme hatte den Befehlston eines Offiziers. Er eilte wieder nach unten in den Hof. Dort hatte er bereits Waffen versteckt und Fallgruben gebaut. Im Vorbeilaufen prüfte er alles noch einmal, hörte aber dann die immer lauter werdenden Hufschläge von Kaels Armee, rannte zum Burgtor und schlug mit aller Kraft die schweren Torflügel zu. Kurz bevor die ersten Reitersoldaten über die Brücke stürmten, legte er den schweren, hölzernen Riegel vor das Tor. Er lehnte sich einen Augenblick lang erleichtert zurück, als er eine Ziege vor sich erblickte, die neugierig auf ihn zukam.

„Gut gemacht, Madmartigan“, sagte die Ziege.

„Raziel?“ Madmartigan traute seinen Augen nicht. „Was ist mit dir passiert?“

Die Ziege deutete mit ihren Hörnern auf Willow, der noch oben auf den Zinnen stand. Kleinmütig sah er zu ihnen herunter und hob entschuldigend die Hände.

Von draußen drang jetzt die dumpfe Stimme des Generals durch die Mauern. Er schickte seine Soldaten los, im nahen Wald einen Baum für einen Rammbock zu fällen.

Madmartigan war entschlossen, ihre Verteidigung weiter vorzubereiten, solange noch Zeit blieb.

Willow trug Elora wieder in ihrem Beutel auf dem Rücken und befolgte Madmartigans Befehle, so gut er konnte. Einen Stein nach dem anderen schleppte er an und häufte sie neben den Katapulten auf. Bei seiner Suche geriet er immer weiter in die dunkle Burganlage hinein.

Als er eine Mauer nach Steinen absuchte, tauchte vor seinen Augen mit einem durchdringenden Schrei eine furchtbare, schwarze Fratze auf. Unter den zotteligen Haaren liefen unzählige tiefe Falten über die Stirn, die kurze Tiernase und über die Backen bis hin zu dem halboffenen Maul, in dem eine rote Zunge leuchtete. Ein Troll! Er hing kopfüber wie ein Affe an der Wand, schlug schreiend mit seinen langen, haarigen Armen nach Willow, fletschte gierig die Zähne, und zwischen den spitzen Zähnen lief ihm der Geifer heraus über das faltige Kinn.

Willow schrie auf, zu Tode erschrocken, und rannte durch eine nahe Tür auf eine schmale Holzbrücke hoch über dem Burghof. Er hörte, wie der Troll hinter ihm herkam.

Willow rannte über die Brücke auf die Tür am anderen Ende zu. Sie war verschlossen! Atemlos drehte er sich nach dem Troll um. Er konnte ihn nicht sehen, aber seinen Geruch nahm er noch wahr. Er mußte in der Nähe sein, aber wo? Willow nahm Elora von seiner Schulter und legte sie vorsichtig auf einen Mauervorsprung neben der Brücke.

In diesem Moment griffen die Soldaten von draußen an. Laut krachte der Rammbock gegen die Torflügel, sie bogen sich unter der Wucht nach innen. Ängstlich sah Willow in den Hof hinunter. Von den wiederholten Stößen gegen das Tor splitterte schon das Holz, der schwere Riegel brach in Stücke, die Torflügel sprangen auf. Die ganze Armee der Nockmaar-Reiter drängte mit gezogenen Schwertern in den Burghof. Madmartigan war bereit. Ruhig schoß er von seiner Armbrust einen Pfeil nach dem andern ab.

Plötzlich legten sich Willow behaarte, schwarze Hände um die Kehle. Der Troll hatte ihn gepackt, zerrte ihn zu sich heran und hielt ihn vor sein gierig geöffnetes Maul.

„Du wirst mich nicht fressen!" schrie Willow ihn an und stieß ihm seine kleine Faust mitten ins Gesicht. Der Troll ließ ihn überrascht fallen und machte ein paar Schritte zurück. Von unten hörte er Raziel rufen: „Willow! Nimm den Zauberstab!" Der Troll kam schon wieder mit erhobenen Armen auf ihn zu. Willow holte Cherlindreas Stab heraus und schlug ihm damit über den Kopf. „Avaggdu strokt!" rief er laut.

Vor seinen erstaunten Augen begann die schwarze Gestalt zu schrumpfen, sank in sich zusammen, löste sich fast in Luft auf, und im nächsten Augenblick war von dem Troll nur noch stinkender, schmutziggrauer Glibber übrig. Verdutzt fragte sich Willow, wie er dies geschafft hatte, während er die glitschige Masse mit dem Stiefel von der Brücke schob. Platschend fiel sie in einen Wassergraben. Sofort begannen kleine Wellen zu kreisen, und grüne, blubbernde Luftblasen stiegen auf.

Madmartigan in der goldenen Königsrüstung kämpfte allein gegen die gesamte Armee. Er rannte von einem Katapult zum andern und feuerte. Steine, Speere und Pfeile flogen den Nockmaar-Kriegern entgegen. Die Pferde scheuten, warfen ihre Reiter ab. Aber unerbittlich ging der Angriff weiter. Meter um Meter mußte Madmartigan zurückweichen und wurde von dem anstürmenden Haufen immer näher an den Wassergraben gedrängt. Er hatte jetzt den Graben direkt hinter sich und war von drei Seiten zugleich bedroht. Kampfbereit stand er vor seinen Gegnern, er würde sein Leben so teuer wie möglich verkaufen.

Plötzlich blieben die Nockmaar-Soldaten stehen, furchtbares Entsetzen zeigte sich auf ihren Gesichtern, und alle auf einmal wichen sie zurück. Madmartigan sah ihnen überrascht nach. In diesem Augenblick hörte er hinter sich ein seltsames Geräusch. Er fuhr herum und erschrak.

Aus dem Wassergraben wuchs mit atemberaubender Schnelligkeit ein dunkelgraues, dickhäutiges Ungeheuer mit zwei hohen Hälsen heraus. Auf jedem Hals saß ein wulstiger Kopf mit bösen Augen, einem blutroten Maul ohne Lippen und zwei Reihen scharfer Zähne. Die Hälse überragten schon Madmartigan, und immer noch wuchsen sie weiter in die Höhe. Die Haut spannte sich und krachte, die Hälse wurden länger und dicker, die zwei Köpfe immer riesiger, bis sie drohend hoch über Willow und der Brücke hingen. Die Mäuler öffneten sich, brüllten laut und stießen in alle Richtungen heiße Flammen aus. Im Hof brach Feuer aus.

Willow hatte den Troll verwandelt — in ein neues, grauenerregendes Ungeheuer!

Die Nockmaar-Soldaten drängten davon. Madmartigan blieb keine andere Wahl. Er rannte los, verzweifelt nach einem Ausweg suchend. Da sah er neben sich einen Abwassertunnel und sprang hinein. „Ihm nach!“ hörte er Kaels Befehl. Er lief, so schnell er konnte.

Willow war inzwischen an das eine Ende der Brücke geflüchtet. Im gleichen Moment hatte das Ungeheuer wieder einen Flammenstrahl ausgestoßen. Willow warf sich über Elora und schützte sie mit seinem kleinen Körper.

Der eine der beiden Köpfe kam immer näher. Laut brüllte das offene Maul, spuckte Feuer, und Willow sah die Flammen auf sich zufliegen. Er fürchtete, lebendig verbrennen zu müssen. Aber ein steinerner Regenabfluß hielt das Feuer von ihm und der Kleinen ab. Das Ungeheuer wandte sich wieder nach unten und verfolgte die Nockmaar-Armee.

Willow setzte sich benommen auf, er konnte kaum glauben, daß er noch am Leben war. Plötzlich wurde er wieder von schwarzen, haarigen Händen gepackt. Der nächste Troll hatte ihn gefunden. Willow kämpfte sich mit letzter Kraft los und rannte davon über die Brücke, da stand er vor einer undurchdringlichen Flammenmauer. Schon kam ihm der Troll nach und leckte sich mit der roten Zunge das Maul. Willow schrie laut auf vor Angst.

Madmartigan, der vor seinen Verfolgern wieder aus dem Tunnel herauskam, hörte den Schrei und schaute zur Brücke hinauf. Dort stand Willow und stieß mit einem brennenden Holzstück nach einem Troll. Plötzlich griff er in seine Tasche und holte eine Zaubereichel heraus. Schnell und ungeschickt warf er nach dem Untier — und verfehlte es. Ein zweiter Troll sprang hinter ihm von der Mauer auf die Brücke. „Madmartigan! Hilfe!" hörte man Willow in höchster Not schreien.

Madmartigan warf ihm sein Schwert zu. Willow versuchte es aufzufangen. Er bekam es zu fassen, aber das Gewicht zog ihn rückwärts, daß er stolperte, und das Schwert schlug durch die Luft. Es traf den zweiten Troll, der Willow von hinten packen wollte, so heftig auf den Kopf, daß er in den Wassergraben stürzte.

Inzwischen war es Madmartigan gelungen, auf die Brücke zu klettern. Er schnappte sich den anderen Troll, der sich verzweifelt wehrte, und schleuderte ihn hinab.

Im Burghof kämpften die überlebenden Soldaten, mit Sorsha an ihrer Spitze, gegen das Ungeheuer mit den zwei Köpfen. Plötzlich blieb Sorsha vor einem der grauen Kristallblöcke stehen. Gebannt blickte sie auf die Gestalt, die darin eingeschlossen war. Es war ihr Vater. Ihre Augen weiteten sich, als er sich zu bewegen schien und dann leise „Sorsha?" flüsterte.

„Vater!“ Ihr Herz bebte.

„Sorsha!“ hörte sie ihn leise weitersprechen. „Ich lebe. Hilf mir! Hilf mir!“ Und noch einmal, fast unhörbar: „Hilf mir!“ Die flehende Stimme trieb ihr die Tränen in die Augen. Ihr ganzer Körper zitterte.

Als sie sich umdrehte, sah sie Kael, den General ihrer Mutter. Auf einmal empfand sie es als sinnlos und grausam, wie er seine eigenen Leute in den Kampf mit dem Ungeheuer trieb und in den sicheren Tod jagte, nur weil ihre Mutter befohlen hatte, dieses hilflose Kind zu finden. Sie schaute zu Madmartigan, der oben auf der Brücke stand. Seine goldene Rüstung glänzte in der Sonne. Und heldenmutig kämpfte er gegen eine Überzahl von Feinden, um das Leben des Kindes zu retten.

Die zwei Köpfe des Ungeheuers hatten von den Soldaten im Hof abgelassen, streckten sich nun in die Höhe und kamen Willow und Madmartigan auf der Brücke bedrohlich näher. Willow packte das Baby und rannte zu der verschlossenen Tür hinüber. Einer der Köpfe folgte ihm, und schon qualmten Rauchwolken zwischen den Zähnen hervor. Madmartigan zögerte nur kurz. Dann zog er einen Dolch, schwang sich über das Geländer der Brücke und sprang dem drohenden Kopf zwischen die Augen. Mit der linken Hand hielt er sich in den rissigen Hautfalten fest, während er ihm mit der rechten den Dolch tief in den Schädel bohrte, wieder und wieder. Der verwundete Kopf schlug von einer Seite zur andern und begann noch riesiger anzuschwellen.

„Madmartigan!“ schrie Willow voller Entsetzen. „Spring runter!“

Plötzlich wurde die verschlossene Tür vor Willow aufgebrochen, und ein Trupp Nockmaar-Soldaten drängte heraus auf die Brücke, um sich das Baby zu holen.

„Nein!" brüllte Willow. Mit dem großen Schwert warf er sich ihnen entgegen. Er stieß einige der überraschten Männer um. Andere stolperten über sie, rissen Willow mit zu Boden, und auf einmal stürzten er und die Soldaten zwischen klirrenden Waffen die Treppe hinunter. Als er wieder zu sich kam, hatte er Elora verloren. Dann hörte er einen dumpfen Knall und sprang erschrocken auf. Der Kopf des Ungeheuers war mit einem dumpfen Knall in tausend Stücken auseinandergeflogen. Der offene, blutende Hals schlug gegen die Mauern, der andere Kopf schrie laut vor Wut und Schmerz.

Madmartigan war in letzter Sekunde abgesprungen. Noch halb besinnungslos lag er am Boden, umringt von Nockmaar-Soldaten, die ihre Speere und Schwerter auf ihn richteten. Wehrlos erwartete er ihren Angriff. Doch jetzt wurden die Krieger beiseite gestoßen, und Sorsha stand vor Madmartigan.

„Laßt ihn!" befahl sie mit fester Stimme. „Er gehört mir."

Sie ging auf ihn zu, drückte ihm die Schwertspitze an die Kehle — und ließ kraftlos die Waffe wieder sinken. Dann ergriff sie seine Hand und half ihm auf. Mit glänzenden Augen sah sie ihn an.

In diesem Moment brach die Brücke über dem sterbenden Ungeheuer zusammen und krachte brennend in den Wassergraben herunter. Madmartigan und Sorsha wichen erschrocken zurück.

Dann sahen sie Kael auf das Tor zugaloppieren. Er hielt die kleine Elora Danan hoch über seinen Kopf. „Soldaten, nach Nockmaar!" dröhnte die Stimme aus der Maske. „Mir nach!" Er stopfte das Baby unter seinen dunklen Mantel, und mit donnernden Hufen verschwanden die Pferde mit ihren Reitern.

Madmartigan und Sorsha liefen auf zwei Pferde zu.

„Willow! Willow!“ rief Madmartigan und blickte sich suchend nach seinem Gefährten um.

Willow kam erschöpft aus einer Tür auf den Hof gestolpert. Blut lief ihm über das Gesicht.

„Wo ist Elora?“ fragte er schwer atmend.

„Kael hat sie. Aber wir finden sie wieder“, versuchte Madmartigan ihn zu beruhigen. Er sah sich die Wunde an, strich Willow sanft über den Kopf, dann hob er ihn auf seinen Sattel und stieg auf, um zusammen mit Sorsha General Kael nachzureiten. Sie hatten den Hof noch nicht verlassen, da vernahmen sie Kampfgemenge.

Vor der Burg waren die Nockmaar-Krieger auf Airk Thoughbaer gestoßen. Mit zweihundert Soldaten war er in stürmischem Galopp nach Tir Asleen geritten.

Kael gab den Kampf bereits verloren. Er befahl vier Reiter zu sich und floh mit ihnen und dem Kind unter dem Mantel den Bergen zu.

„Airk!“ rief Madmartigan über den Lärm hinweg. „Kael hat das Baby!“

Airk wandte sich nach ihm um und kam auf ihn zu. Als er Sorsha neben Madmartigan bemerkte, erhob er das Schwert, aber Madmartigan lenkte schnell sein Pferd zu ihm.

„Sorsha reitet mit mir“, sagte er.

Airk starrte mit großen Augen erst ihn an, dann Sorsha. Schließlich steckte er seine Waffe wieder in die Scheide zurück. Bevor er etwas sagen konnte, hörte man plötzlich Stimmen aus seiner Satteltasche. Und dann sah man Franjean und Rool über den Rand schauen.

„Krieger!“ schrie Franjean.

„Auf zur Schlucht!“ kommandierte Rool.

Und die Reiter nahmen die Verfolgung Kaels auf.

Madmartigan und Sorsha hatten sich an die Spitze der Reiterarmee gesetzt. Vor ihnen floh Kael mit seinen letzten Soldaten auf die Burg Nockmaar zu. Mitten im Galopp zog Sorsha jetzt ruhig den Bogen heraus, legte einen Pfeil auf, drehte sich, zielte kurz und schoß. Einer von Kaels Reitern fiel getroffen aus dem Sattel. Gleich darauf schoß sie einen zweiten Pfeil ab, und auch er traf sicher sein Ziel. Madmartigan beobachtete sie mit einem Ausdruck voller Hochachtung. Er empfand Bewunderung und Zuneigung für Sorsha.

Obwohl sie ihre Pferde zu größter Schnelligkeit antrieben, schien sich der Abstand zu Kael zu vergrößern. Schon waren die Fliehenden hoch in den Bergen vor der Burg Nockmaar angelangt. Kael sah, daß die Zugbrücke langsam hochgezogen wurde, damit Airks Reiter nicht in die Burg konnten. Er gab seinem Pferd die Sporen, es setzte zum Sprung an, und mit einem kühnen Satz erreichte es im letzten Augenblick noch die Zugbrücke. Für Kaels Begleiter war es schon zu spät, wild schnaubend und um sich schlagend, stürzten die Pferde in den tiefen, felsigen Burggraben.

Sorsha und Madmartigan hielten ihre Pferde am Rand des Grabens an und sahen die gewaltigen Burgmauern hinauf: Dunkel und unheimlich ragten sie in die Höhe.

„Gibt es noch einen anderen Weg hinein?“ fragte Madmartigan.

„Nein“, antwortete Sorsha, „die Burg ist von allen Seiten gesichert.“

Aus dem Innern hörte man Alarmrufe und Kommandos. Dann waren auch Airk und seine Reiter herangekommen. Airk betrachtete die Mauern mit prüfendem Blick.

„Wir brauchen Türme und einen Rammbock“, sagte er und befahl seinen Leuten: „Lager aufschlagen! Morgen früh greifen wir an!“

Bavmorda stand im letzten Sonnenlicht, das die dunkle Pracht der Halle kaum erhellte. Ungeduldig wartete sie. Zwei alte Zauberpriester standen erwartungsvoll in einiger Entfernung. Als sich General Kael mit großen Schritten näherte, hob sie den Kopf. „Was ist, Kael?“ fragte sie scharf.

Er verbeugte sich tief vor ihr. „Meine Königin, ich habe das Baby“, sagte er dumpf. Er holte unter seinem Mantel Elora Danan heraus. Sie weinte laut, als er sie Bavmorda entgegenhielt.

Diese glühte vor Haß, ihre Hände zitterten, als sie nach dem Kind faßte. Am liebsten hätte sie den kleinen Körper auf dem Steinfußboden zerschmettert. Aber dann lächelte sie kalt, und zufrieden zog sie die Hand wieder zurück. „Gut!“ zischte sie scharf. „Wir beginnen sofort mit der Zeremonie!“ Sie warf einen Blick über seine Schulter und suchte ihre Tochter. „Wo ist Sorsha?“

„Sie hat sich gegen Euch gewandt, Eure Hoheit“, sagte Kael.

„Gegen mich?“ fauchte sie böse. Sie hatte nur noch einen einzigen, haßerfüllten Gedanken: Rache. „Ich werde mich um das kleine Ungeheuer noch kümmern. Reinigt den Altar!“

Die Priester nahmen Kael das schreiende Baby aus den Händen, und Bavmorda verließ mit wehenden Gewändern den Saal.

Airks Reiterarmee schlug auf der steinigen Ebene unter den Türmen der Burg Nockmaar das Lager auf und bereitete sich auf die kommende Schlacht vor. Die Nacht zog herauf, und Dunkelheit umgab schon die Zelte. Da schien ein tiefer Schatten, noch schwärzer als die Nacht, wie ein kalter Nebel über das Lager zu ziehen. Auf den Zinnen ihrer hohen Mauern stand Bavmorda im zitternden Licht der Fackeln, von ihren Priestern und Soldaten umgeben. Unheilvoll und schauerlich sahen sie aus.

Bavmorda schaute auf die Männer herunter und lachte schrill. „Das ist keine Armee!“ rief sie höhnisch.

Neben Willow tauchte plötzlich Raziel auf, immer noch in Gestalt der weißen Ziege. „Raziel, wo kommst du her?“ fragte Willow verblüfft.

Sie war außer Atem. „Schnell, Willow! Versteck dich!“ drängte sie ihn, statt zu antworten. Mit ihren Hörnern schob sie Willow in ein Zelt und folgte ihm nach, so daß Bavmorda sie beide nicht mehr sehen konnte. „Den Gegenzauber!“ befahl sie ihm. „Schütze dich!“

„Warum?“ fragte Willow.

„Fang an!“ sagte Raziel ungeduldig.

Willow nahm den Zauberstab heraus und begann, den Spruch aufzusagen.

Draußen vor dem Zelt stand Madmartigan hoch aufgerichtet und sah zu Bavmorda hinauf. „Wir sind gekommen, Elora Danan zu holen!“ rief er furchtlos. „Übergib sie uns!“

Bavmorda zeigte mit ihren langen Fingern auf ihn und lachte nur. „Ihr wagt es, mich herauszufordern? Ihr seid keine Krieger! Ihr seid Schweine! Nocklith! Vohkbar! Toa thonna mondarr!“

Die Luft über den Kriegern knisterte, während sie den mächtigen Fluch aussprach. Schon fing Madmartigans

Körper zu zucken an, die goldene Rüstung fiel scheppernd von ihm ab, und er nahm immer mehr eine kleine, häßliche Gestalt an.

„Ihr seid alle Schweine!“ kreischte Bavmorda wieder. „Kothon lockdar bahkdt!“

Die Krieger um Madmartigan rannten vor Angst nach allen Seiten davon. Aber es gab kein Entkommen. Einer nach dem andern drehte und wand sich, ihre Körper schrumpften zusammen, Rüstungen, Schilde und Waffen fielen klingend zu Boden.

„Mutter! Nein!“ schrie Sorsha.

Bavmorda sah mit glühenden Augen auf ihre Tochter. „Du hast dich entschieden“, sagte sie scharf. „Ich habe dich davor gewarnt, mir nicht zu gehorchen!“

„Tu uns das nicht an!“ flehte Sorsha.

Bavmordas Finger deutete jetzt genau auf sie, und auch ihr Körper begann sich zu verändern wie alle anderen. Ihre Truppe war in eine riesige Herde von Schweinen verwandelt, die grunzend durcheinanderliefen.

In kalter Zufriedenheit lachte Bavmorda noch einmal, schlug ihren Mantel um die Schultern und trat zurück.

Sie stieg endlose, steile Treppen hinauf bis zum höchstgelegenen, geheimen Saal und öffnete mit einer schwungvollen Handbewegung die Tür. Um den Opfertisch aus glänzendem Kupfer standen die Priester und banden darauf das weinende Kind mit Lederstreifen fest.

„Beginnt die Zeremonie! Sofort!“ befahl Bavmorda. „Zündet die erste Kerze an!“

Ein Priester zündete die erste von dreizehn hohen Kerzen an, die um den Opfertisch herum auf dem Boden standen.

Bavmorda hob die Arme einem großen runden Loch

in der Decke entgegen, durch das der Nachthimmel hereinschien. „Kommt, Donner und Blitze!" rief sie laut. „Berührt diesen Opfertisch mit eurer Kraft!" Ein Blitz zuckte aus der Dunkelheit herab, und Bavmorda lächelte befriedigt.

Einer der Priester legte das Baby in die Mitte des Tisches, während ein zweiter einmal den großen Gong ertönen ließ.

„Dunkle Runen, dunkle Kräfte!" sprach Bavmorda feierlich. „Blendet, bindet, blendet, bindet, ewige Nacht — und Nockmaars Macht!" Plötzlich glänzte in ihrer Hand ein Dolch. Sie packte ihn mit festem Griff und schnitt sich in den Arm. Blut quoll hervor. Wieder zuckte draußen ein krachender Blitz, lauter und näher.

Im Lager vor der Burg sprach Willow immer noch seinen Zauber. Er hatte die Augen geschlossen und konzentrierte sich ganz auf die Worte. „Avaggdu luatha bairn off haefermore ..."

„Jetzt ist es sicher", sagte Raziel zu ihm. „Du hast es gut gemacht."

Willow schlug die Augen auf. Er hörte ein seltsames Grunzen und Quieken und ging zum Eingang des Zeltes, erstaunt und ängstlich. Es gab keine Soldaten mehr. Zwischen Zelten und herumliegenden Rüstungen spazierten Hunderte von nackten Schweinen herum. Plötzlich wurde ihm klar, was mit den Kriegern und seinen Freunden geschehen war.

Hilflos fiel er auf die Knie und weinte verzweifelt. „Ich bin umsonst den ganzen Weg hierhergekommen. Jetzt muß Elora doch sterben!"

Raziel war zu ihm gelaufen. „Wir können Bavmorda immer noch besiegen!" sagte sie entschlossen.

Er schüttelte den Kopf. „Sie ist zu mächtig, Raziel."

Aber sie stampfte mit ihrem kleinen Huf auf den Boden. „Verwandle mich!" befahl sie ihm. „Ich werde sie vernichten! Das Hexagramm!"

Mühsam erhob sich Willow, nahm ein Schwert und zeichnete mit der Spitze um Raziel einen fünfzackigen Stern auf den Boden. Dann stellte er sich daneben, nahm seinen Zauberstab und begann den Verwandlungsspruch. „Elemente der Ewigkeit, oben und unten", sprach er laut, „Waage des Lebens, Feuer zeugt Schnee!"

Langsam fing Raziel an, ihre Gestalt zu verändern. Er bemühte sich, nicht hinzusehen, sondern gesammelt weiterzusprechen. Nach einem kurzen Augenblick der Schwäche gelang es ihm auch wieder.

„Gib nicht auf!" flehte ihn Raziel an, mit seltsam bebender Stimme. „Willow!" schrie sie entsetzt auf, als sie von seinem Zauber in eine wunderliche Form verzerrt wurde, halb Tier, halb Mensch, und plötzlich in ein Reh, dann allmählich nahm sie eine hohe, aufrechte, menschliche Gestalt an.

Raziel stand vor ihm: eine alte Frau, der man ansah, daß sie einmal sehr schön gewesen war.

Willow brachte ihr einen langen, weiten Umhang und bedeckte damit ihren Körper. „Raziel!" sprach er sie leise an, als sie sich nicht bewegte.

Sie sah verwundert auf ihre alten, faltigen Hände und murmelte vor sich hin: „Es war eine so lange Zeit."

„Es tut mir leid." Willow berührte sie leicht am Arm.

Sie sah ihm in die Augen, die Traurigkeit schwand aus ihrer Miene, und sie stand energisch auf. Sie nahm den Zauberstab aus seiner Hand. „Wir haben eine Menge Arbeit vor uns, Willow", sagte sie mit fester Stimme. „Wir müssen Bavmordas bösen Zauber brechen!"

Willow hob den Eingang des Zeltes hoch. Grunzend drängten sich einige Schweine herein. Raziel hatte schon mit dem Zauberspruch begonnen, der sie wieder in Krieger zurückverwandeln sollte.

Zweimal ertönte der große Gong.

Bavmorda schnitt eine Locke aus dem feinen, seidigen Haar des Kindes heraus und warf sie in eines ihrer Hexengläser. „Schwarzes Feuer ewig brenne!" sprach sie dazu. Das Glasgefäß glühte auf und leuchtete. Funken sprühten heraus, und aus den Wolken über der Burg kam als Antwort ein langes Donnergrollen.

In dem nächtlichen Lager saßen die Krieger zusammen, jetzt wieder in menschlicher Gestalt, ihre Augen nachdenklich auf die hohen, furchterregenden Burgmauern gerichtet. Sie hielten Rat, wie die Burg anzugreifen wäre.

„Wir kommen da nie hinein!" meinte Airk Thoughbaer mißmutig.

„Dann wird Elora Danan sterben", mahnte Sorsha.

„Wenn der Gong dreizehnmal schlägt", nickte Raziel dazu.

„Bavmorda ist zu mächtig", sagte einer der Krieger. Die anderen stimmten ihm halblaut zu.

„Sie kann euch nicht mehr verwandeln", versicherte Raziel, „das Lager ist jetzt durch meinen Zauberspruch geschützt."

„Kann uns deine Zauberkraft nicht in die Festung bringen?" fragte Madmartigan. Aber Raziel schüttelte still den Kopf. Unzufrieden murrten die Krieger im Hintergrund.

„Es ist hoffnungslos", seufzte Airk mit schwerer Stimme.

Willow hatte bisher schweigend zugehört. „Wartet einen Moment!“ rief er plötzlich und sprang auf. „In meinem Dorf, wenn wir Feldratten fangen ...“

Aber Madmartigan unterbrach ihn unwillig: „Willow, das hier ist ein Krieg.“

„Ich weiß, ich weiß!“ Willow ließ sich davon nicht beeindrucken. „Aber ich habe eine Idee, wie wir in die Burg hineinkommen.“ Er begann seinen Plan zu erklären. Die anderen beugten sich vor und hörten ihm aufmerksam zu.

Wieder schlug ein Priester den Gong. Dreimal. Und die dritte Kerze wurde entzündet.

Elora weinte.

Immer schärfer und wilder wurden die Gesichtszüge der Königin, während die Kräfte des Bösen in ihrem Innern wuchsen. Sie tauchte die Hände in ein Faß und hob sie dann hoch über den Kopf. Rot wie Blut lief es an ihren Armen herunter, bis in die Ärmelfalten ihres schwarzen Gewandes hinein.

„Damit werden wir nie fertig bis zum Morgen“, meinte Airk, nachdem Willow seinen Plan erklärt hatte.

Auch Sorsha schüttelte den Kopf. „Ich glaube nicht, daß Kael sich so leicht täuschen läßt.“

Willow sah hilfesuchend Madmartigan an. „Bitte, Madmartigan! Elora Danan braucht uns.“

Madmartigan schien zu zögern. „Die Chancen stehen schlecht.“

„Hör mal, Madmartigan“, sprach Airk dazwischen, „du und ich, wir sind Krieger. Und du weißt genausogut wie ich, daß der Plan von dem Zwerg nicht aufgeht.“ Die übrigen Krieger stimmten Airk kopfnickend zu.

„Wenn das Baby stirbt, ist die Hoffnung für alle Zukunft verloren", stellte Raziel noch einmal fest und fügte entschlossen hinzu: „Ich werde kämpfen!"

„Ich auch", sagte Willow.

Lauter Widerspruch erhob sich. Madmartigan hob seine Hand und gebot Schweigen. „Die Zeit wird knapp", sagte er ruhig. „Wir müssen jetzt entscheiden, wer geht und wer hierbleibt ..."

Hoch über ihrem Lager zuckten fahle Lichtblitze durch den Turmsaal der Königin. Hilflos lag die Kleine vor ihr. Bavmorda hatte ihr das Gesicht mit greller Farbe bemalt und begann einen dunklen Zauberspruch: „Ocht veth nockthirth bordak! Fort mit dem Kind in die dreizehnte Nacht!" Sie hielt ihre Hände über den Opfertisch.

Von unsichtbarer Macht wurde das Baby langsam nach oben gehoben und schwebte, der Königin hilflos ausgeliefert, zwischen Himmel und Erde in der Luft.

Der Kampf der Zaubermächte

In der aufgehenden Sonne des neuen Tages hörte man aus dem Turm zwölf schwere Gongschläge ertönen. Die Truppe vor der Burg war verschwunden, nur noch einige Zeltplanen lagen auf der Erde verstreut herum, hier und dort ein paar Schilde und leere Fässer. Raziel und Willow waren zurückgeblieben. Um sie herum heulte der Wind, wirbelte den Sand auf und trieb ihn vor sich her.

„Raziel ...", begann Willow ängstlich.

„Willow, ich habe all diese Jahre gewartet, um Bavmorda gegenüberzutreten“, beruhigte sie ihn mit einem ernsten Lächeln. „Jetzt habe ich die Möglichkeit. Du hast mir dazu verholfen. Was auch immer passiert, ich bin dir dankbar, und ich bewundere dich!“

Willow senkte nachdenklich die Augen. Dann nahm er Kiayas Haarzopf aus der Tasche und betrachtete ihn lange. Sehnsüchtig dachte er an zu Hause und seine Familie, und er war nicht sicher, ob er sie jemals wiedersehen würde.

Raziel beobachtete ihn. „Dein Sohn“, sagte sie leise, „wird sich immer an das erinnern, was heute geschieht!“

Oben auf der Burgmauer hatte ein Wachsoldat die beiden entdeckt und General Kael herbeigerufen, und er deutete mit ausgestrecktem Arm auf Willow und Raziel, die allein auf dem verlassenen Feld standen.

„Ergebt euch!“ rief Raziel hinauf.

„Wir sind hochmächtige Zauberer!“ setzte Willow laut hinzu. „Gebt uns das Baby, oder wir vernichten euch!“

Kael antwortete mit brüllendem Gelächter. „Tötet sie!“ befahl er seinen Soldaten.

Kurz darauf wurde die große Zugbrücke langsam über dem Burggraben heruntergelassen. Krachend schlug sie unten auf, daß die Erde bebte. Willow klammerte sich an seinen Speer, damit seine Hände nicht vor Angst zu zittern anfingen.

„Geduld, Willow“, flüsterte Raziel.

„Mut, Willow!“ verbesserte er und beobachtete unruhig das Burgtor.

Es öffnete sich, und acht Nockmaar-Krieger ritten mit gezücktem Schwert auf sie zu. Willow packte den Speer mit beiden Händen, hob ihn hoch und schlug mit aller

Kraft auf eine alte Kriegstrommel neben ihm. Der dröhnende Laut hallte von den Mauern wider und war über der ganzen Ebene zu hören.

Im nächsten Augenblick sprang Madmartigan, gerüstet und hoch zu Pferd, aus dem Boden heraus. Um ihn herum schien sich plötzlich die Erde zu bewegen. Zeltbahnen und Schilde flogen, und Fässer rollten zur Seite, und aus den vorher verdeckten Gräben und Gruben und hinter Büschen und Hecken hervor stürmte mit lautem Kriegsgeschrei Airks Armee. In rasendem Galopp flogen die Soldaten über die Ebene und an den Nockmaar-Kriegern vorbei auf das offene Tor zu und in den Burghof. Airk Thoughbaer hob im Vorbeireiten Willow auf seinen Sattel, Sorsha nahm Raziel auf ihrem Pferd mit, und zusammen erreichten sie die Burg.

Madmartigan führte den Angriff gegen die Nockmaar-Soldaten an, die aus Türen und Toren herausstürmten, um die Festung zu verteidigen.

Raziel und Sorsha stiegen ab.

„Sorsha!“ rief ihr Madmartigan über den Kampflärm hinweg zu. „Du bist mein Mond, meine Sonne, meine Sterne!“

Sorsha drehte sich um und sah ihn streng an. „Madmartigan!“

„Ich meine es ernst“, sagte er und warf ihr einen langen Blick zu. Dann stürzte er sich mit seinen Männern in den Kampf.

Sorsha sah ihm einen Augenblick nach, bevor sie mit Raziel und Willow ins Innere der Burg ging.

Langsam stiegen sie die Stufen der finsteren Wendeltreppe hinauf, die zu Bavmordas Turm führten. Als sie sich der Tür näherten, sahen sie immer wieder einen blendenden Schein dahinter aufleuchten. Willow spürte stärker und stärker die dunkle, furchtbare Macht. Ein Schrei, daß ihnen der Herzschlag stockte, erschütterte plötzlich die Wände. Die schwere Tür knarrte und bebte, wie von einer Riesenhand geschüttelt.

Willow fiel auf die Knie, er war vor Angst gelähmt. „Ich kann nicht mehr“, flüsterte er.

Raziel legte ihm die Hand auf die Schulter. „Es ist gut“, beruhigte sie ihn. „Warte hier.“

Er sah Sorsha und der Zauberin nach, wie sie auf die Tür zugingen.

Bavmorda blickte überrascht hoch, als sich mit einemmal die Türflügel hinter ihr öffneten. Ein Windzug fuhr durch den Raum und löschte alle zwölf Kerzen aus. „Raziel“, flüsterte sie böse. Dann erst drehte sie sich um. Raziel und Sorsha wichen unwillkürlich vor ihrem Anblick zurück. Bavmordas Gesicht hatte sich zu einer häßlichen, faltigen Maske verwandelt, ihre Finger waren knorrige Krallen. „Gut so!“ zischte sie zwischen den Zähnen hervor. „Ihr seid jetzt Zeugen meines größten Triumphes!“

Sorsha trat langsam auf sie zu, von Furcht und Mitleid bewegt, aber ihr schrecklicher Anblick ließ sie plötzlich wieder stehenbleiben. „Mutter, ich ...“, begann sie.

„Sorsha“, sagte Bavmorda schneidend, „du bist erbärmlich!“

„Sie hat ihre Freundlichkeit wiedergefunden, Bavmorda“, erklärte Raziel.

Bavmordas Gesicht verzog sich zu einer Grimasse. „Dann hast du deinen Vater gesehen.“

Sorsha nickte. „Ja. Ich habe ihn gesehen, und er lebt.“ Ihre Stimme zitterte. „Ich habe gesehen, was du ihm angetan hast.“

Bavmordas furchtbare Gesichtszüge verformten sich

wütend. „Verräterin!" schrie sie. „Ich verachte dich nur noch!" Sie winkte mit der knotigen Hand zwei Priestern, die Frauen anzugreifen.

Sorsha zog ihr Schwert, trat schützend einen Schritt vor Raziel und streckte beide Angreifer zu Boden. Dann eilte sie zu dem Opfertisch, auf dem die Kleine, von Bavmordas schwarzem Zauber gefesselt, lag, still und bleich. „Du wirst dieses Kind nicht töten!" sagte sie und griff nach Elora.

„Fort mit dir!" schrie Bavmorda auf. „Avaggu strokt!"

Zischend und donnernd zuckte ein Blitz herein, und um sie herum krachte es dröhnend. Sorsha wurde plötzlich hoch in die Luft gehoben und quer durch den Raum auf eine Wand zugeschleudert, die mit spitzen Eisenstacheln gespickt war.

Im letzten Augenblick hob Raziel die Hand, Sorsha blieb vor den Stacheln in der Luft hängen und fiel ohnmächtig zu Boden.

„Du hast Kraft gewonnen, Raziel", murmelte Bavmorda böse.

Raziel zog die Zauberrute aus ihrem Gewand. „Ich habe Cherlindreas Zauberstab."

Bavmorda griff blitzschnell hinter sich, eine Axt blitzte in ihrer Hand auf und flog auf Raziel zu.

Raziel blieb aufrecht stehen und fing mit ihrer Hand die Axt im Flug auf. „Du kannst unsere vereinte Macht nicht besiegen", sagte sie ruhig. Und mit der Kraft ihres Willens ließ sie die Axt zu Bavmorda zurückfliegen.

Bavmorda hob eine Faust, und die Axt zerschellte daran.

„Elora Danan wird Königin", rief ihr Raziel mit lauter Stimme entgegen.

Die beiden Zauberinnen standen sich zu ihrem letzten, entscheidenden Kampf gegenüber. In der Luft knisterten und krachten Blitz und Donner.

Draußen in der Burg tobte der Kampf der Krieger.

Madmartigans Pferd brach getroffen zusammen. Schnell sprang er ab und kämpfte zu Fuß weiter.

Airk hatte auf den Zinnen einen Kessel mit siedendem Öl entdeckt, schlug sich mit mächtigen Schwerthieben den Weg dorthin frei, kippte den Kessel Hof, und die kochende Flüssigkeit ergoß sich über die Nockmaar-Soldaten. General Kael beobachtete ihn und stieß einen dröhnenden Schrei aus. Mit dem Schwert in der einen und einem Kriegsbeil in der andern Hand stürzte er sich auf ihn.

Unten im Hof stand Madmartigan gleichzeitig sechs Nockmaar-Soldaten gegenüber. Er führte einen meisterhaften Schwertkampf gegen sie.

Da hörte er einen Schrei, blickte kurz zwischen zwei Hieben auf und sah, wie Kael sich Airk von hinten genähert hatte. Er holte mit seinem Beil zum Schlag aus.

„Airk!“ schrie Madmartigan seinem Freund warnend zu. Aber Airk war schon von dem gewaltigen Hieb Kaels getroffen und stürzte rückwärts die Steintreppe hinunter. Madmartigan packte sein Schwert, warf es wie einen Speer nach dem letzten seiner Gegner, war mit ein paar Sprüngen am Fuß der Treppe. Er kniete bei seinem Freund nieder und nahm ihn behutsam in die Arme.

„Airk! Airk!“ flüsterte er.

Airk öffnete die Augen und sah Madmartigan an. „Wenn du jemals an meinem Grab stehst, Madmartigan“, sagte er kraftlos, „dann töte ich dich!“

Madmartigan lächelte ihm traurig zu. „Gib mir dein

Schwert, alter Freund, und ich gewinne diesen Krieg für dich!“ Er nahm Airks Schwert in seine Hand.

Airk lächelte unter Schmerzen, dann schwand das Leben aus seinen Augen. Madmartigan ließ den Körper sanft aus seinen Armen auf den Boden gleiten. Mit dem einzigen Gedanken an Rache sprang er, zwei Stufen auf einmal nehmend, die Treppe hinauf, um Kael zu suchen.

Willow fühlte sich von unwiderstehlicher Kraft zu der halboffenen Tür hingezogen. Wieder bog sie sich krachend und glühte in den grellen Blitzen, die in den Raum einschlugen. Erschrocken sprang er zurück. Auf Zehenspitzen schlich er weiter und sah vorsichtig in den Raum.

Bavmorda fuhr mit dem Arm durch die Luft, und die steinernen Wasserspeier bewegten sich drohend von hinten auf Raziel zu.

„Ich kann deinen Zauber brechen, Bavmorda!“ rief Raziel. „Bellanockt!“ Sie drehte sich um, streckte die Zauberrute hoch, und die Figuren zerbrachen in Stücke.

„Meine Zeremonie wird deine Weissagung auslöschen!“ fauchte Bavmorda. „Die Kraft dieses Kindes wird schwinden und für ewig vergessen sein! Strokt!“ In ihrer Hand erschien eine Feuerkugel. Bavmorda schleuderte sie auf Raziel. Schon ging ihr langes Gewand in Flammen auf. Sie hielt mit einer raschen Bewegung den Zauberstab darüber, und die Flammen erloschen. Dann streckte sie die Hand gegen Bavmorda aus. Unter ihrem Zauberspruch wurde die Königin in eine glänzende, kalte Statue aus Eis verwandelt und erstarrte.

Diesen Augenblick benutzte Willow, um leise durch die Tür zu schleichen. Unbemerkt näherte er sich langsam Elora.

„Furrochk — furrochk!“ hörte man Bavmordas

dumpfen Schrei. Plötzlich platzte die Eishülle um sie herum, gleichzeitig erhob sich ein Sturm, der mit Gewalt durch den Raum fegte. Kerzen, Schalen, Eishagel und Feuerfunken wurden durch die Luft geschleudert. „Furrochk lithrak!" befahl Bavmorda.

Neben Raziel fing eine hohe Steinsäule zu wackeln an, neigte sich zur Seite, fiel um und begrub Raziel unter sich. Im Fallen hatte sie ihren Zauberstab losgelassen. Verzweifelt tastete sie den Boden nach ihm ab. Sie konnte ihn mit der Hand nicht erreichen. Schon kam Bavmorda näher, weiter mit Feuerkugeln um sich werfend. Ihr furchtbares Gesicht war haßverzerrt.

„Hither walha tuatha la", sprach Raziel schnell. Der Zauberstab huschte über den Boden in ihre Hand zurück. Sie hob ihn gegen Bavmorda in die Höhe. Eine gewaltige Kraft strömte von Raziel aus. Bavmorda wurde hochgehoben und durch die Luft an eine Wand geschleudert, dann zur nächsten hin und her durch den Raum, sie prallte von den Säulen ab, endlich blieb sie bewegungslos am Boden liegen. Raziel ging auf sie zu, um Bavmordas bösem Leben ein Ende zu machen.

Aber als sie sich über sie beugte, sprang Bavmorda plötzlich auf und stürzte sich mit einem wilden Schrei auf Raziels Zauberstab. In schauriger Umarmung kämpften die Zauberinnen miteinander.

Die Kräfte, die hier tödlich aufeinanderstießen, lösten Blitz und Donner aus.

Willow suchte den Weg zum Opfertisch. Da sah er, wie Raziel von Bavmorda mit Macht zu Boden gestoßen und ihr der Zauberstab aus der Hand geschleudert wurde. Mit einem triumphierenden Schrei warf sich Bavmorda auf Raziel, umklammerte mit den knorrigen Fingern ihre Kehle und drückte zu.

Airks Krieger waren den Nockmaar-Soldaten an Zahl überlegen. Allmählich schien es, als sollten sie den Sieg davontragen.

Madmartigan verfolgte wütend General Kael bis zur Burgmauer hinauf. Dort konnte er Madmartigan nicht mehr entkommen. Er mußte sich ihm stellen.

Kael war der beste Schwertkämpfer, den Madmartigan je als Gegner hatte, aber Madmartigan führte seine Waffe wie ein Besessener. Er kämpfte voller Wut, um seinen toten Freund zu rächen. Kael wehrte sich verbissen. Endlich gelang es Madmartigan, ihn mit einer geschickten Bewegung zu überraschen, und er stieß ihm das Schwert mitten ins Herz. Kael warf den Kopf zurück, noch einmal ertönte sein dumpfer Schrei aus der Schädelmaske, er torkelte zurück und stürzte von der hohen Mauer in den Burghof hinunter. Er war tot.

Ohnmächtig lag Raziel am Boden, als Bavmorda die Hände von ihrem Hals löste. Willow blieb das Herz vor Entsetzen stehen. Dann nahm er alle Kraft zusammen, lief zum Opfertisch, hob Elora herunter und rannte mit ihr auf die noch offene Tür zu.

Bavmorda, vom Geräusch seiner Schritte beunruhigt, hob den Kopf und sah den leeren Opfertisch. Blitzschnell drehte sie sich um, und aus ihrem ausgestreckten Arm schoß ein greller Blitzstrahl, der die schwere Tür dröhnend zuschlagen ließ.

Willow und die Kleine waren gefangen. „Bring das Kind zurück, Zwerg!“ brüllte sie mit der Stimme eines wilden Tieres.

Willow wandte sich um, am ganzen Körper zitternd. Schwarz und drohend stand Bavmorda vor ihm. Ihre böse, häßliche Fratze sah auf ihn herab. Schon hielt Bavmorda ihre knorrigen Arme über ihn, um ihn mit ihrer schwarzen Magie zu vernichten.

„Wer bist du?“ zischte sie zwischen ihren dünnen Lippen hervor.

„Ich heiße Willow Ufgood“, sagte Willow und nahm allen Mut zusammen. „Ich bin ein großer Zauberer. Mächtiger als Raziel!“

Bavmorda lachte schrill auf. Mit kleinen Schritten ging Willow auf sie zu, griff in die Tasche und fühlte eine Zaubereichel zwischen den Fingern.

„Ich bin auch mächtiger als du!“ fuhr er fort und schleuderte gleichzeitig die Zaubereichel auf sie.

Bavmordas Hand schoß nach vorne und fing die Eichel ab. In diesem Augenblick erstarrte sie, und die schreckliche Verwandlung begann. Ihre Hand, dann ihr erhobener Arm, endlich ihr ganzer Körper wurden unter leisem Knistern langsam grau und fest wie eine Steinmauer.

Willow trat, von der Wirkung überrascht, einen Schritt nach hinten. Da sah er, wie sich ihr Körper allmählich wieder regte, in ihren Arm kehrte das Leben zurück, ihre Hand war wieder aus Fleisch und Blut. Bavmorda hatte mit der Macht ihres Willens die Versteinerung zurückgedrängt. Sie zerquetschte die Eichel mit der Faust und ließ den Staub auf den Boden rieseln.

„Ist das schon deine ganze Macht, Kleiner?“ fragte sie höhnisch. „Sieh zu, wenn ich mich der Kräfte des Universums bediene, um die Macht dieses Kindes zu zerstören und es in das Reich des Bösen zu schicken. Leg es auf den Tisch!“

„Nein“, sagte Willow.

„Nein?!“ wiederholte ihre kreischende Stimme.

„Du gemeines, altes Weib“, schrie Willow außer sich,

„mit meiner Zauberkraft schicke ich Elora in die ...“ Er wußte nicht mehr weiter.

„Du bist gar kein Zauberer“, höhnte Bavmorda.

„... in ein Reich, in dem es nichts Böses gibt!“ sprach Willow dann zu Ende.

„Unmöglich!“ brüllte sie mit ihrer unmenschlichen Stimme, aber doch ein wenig unsicher geworden. „Einen solchen Ort gibt es nicht!“

Feierlich fing Willow zu sprechen an: „Helgafel swath ben helgafel, bairn off danu famoww ...“

„Du bist ein Narr“, fauchte Bavmorda. „Ich werde dich und das Baby vernichten. Nyx addanc hogguntt, hoggnutt loatha pox!“ Sie drehte sich einen Moment um, und der Zauberstab flog in ihre Hand. Als sie sich wieder Willow zuwandte, sah sie, wie er seinen Umhang über dem Kind schwenkte — und es war verschwunden.

„Unmöglich!“ keuchte Bavmorda verwundert. Sie schien starr vor Schreck, dann torkelte sie nach hinten, schlug mit dem Arm an eine Schale auf dem Opfertisch und warf sie um. Eine blutrote Flüssigkeit rann heraus, lief auf den Boden hinunter und bildete eine Pfütze vor ihren Füßen. Entsetzt stieß sie einen Schrei aus, der Willow durch Mark und Bein ging. Noch einmal versuchte sie, den Zauberstab zu heben. Aber da blendete sie ein riesiger, greller Blitz, der durch die Öffnung in der Decke hereinschlug und sie zu Boden warf. Schreiend wand und drehte sich ihr Körper in der roten Pfütze. Dann plötzlich ging er in laut knisternden Flammen auf, und Bavmorda verbrannte jämmerlich zu einem kleinen Häufchen. Willow schloß entsetzt die Augen.

Hinter ihm bewegte sich Raziel. Sie hob den Kopf und fragte mit schwacher Stimme. „Willow, Willow, wo ist Elora Danan?“

Willow bückte sich und hob seinen Umhang auf, in dessen Geheimtasche die Kleine gut versteckt war. Er errötete. „Es war einfach mein alter Verschwinde-Trick", sagte er verlegen.

Raziel lächelte, und er spürte, daß sie stolz auf ihn war.

In diesem Augenblick wurde ihm bewußt, daß nicht bloße Kraft einen guten Zauberer ausmacht, sondern vor allem — Weisheit.

Elora Danan öffnete die Augen und sah ihn an. Donner und Blitze hörten plötzlich auf. Warmes, goldenes Sonnenlicht strömte herein und erfüllte den ganzen Raum mit neuer Helligkeit.

Heimkehr

Im Tal von Tir Asleen blühten die Blumen, und über den Zinnen und Türmen der Burg flatterten bunte Fahnen im Wind. Das Königreich war von seinem Fluch befreit, und fröhliches Leben und Treiben war in die Mauern zurückgekehrt.

Unter dem Burgtor stand Willow und hielt die Zügel eines kleinen, weißen Ponys in der Hand. Es war Zeit, Abschied zu nehmen. Der ganze Hof von Tir Asleen hatte sich zu seinen Ehren versammelt. Madmartigan stand strahlend neben Sorsha, die die kleine Prinzessin Elora auf ihren Armen trug. An ihrer anderen Seite war Sorshas Vater, der König.

Auch Franjean und Rool waren wieder mit dabei,

nachdem sie sich auf Burg Nockmaar die ganze Zeit ängstlich versteckt gehalten hatten. Ihre Gesichter strahlten. Die beiden Brownies fühlten sich in Tir Asleen so wohl, daß sie beschlossen hatten, dort zu bleiben.

Eine Trompete ertönte, und Raziel schritt aus der Burg heraus. Sie trug das Gewand einer Priesterin und hielt ein großes Buch in den Händen.

„Willow Ufgood“, sagte sie mit Würde, „nimm dieses Zauberbuch! Du bist auf dem Weg, ein großer Zauberer zu werden.“

Willow nahm das Buch entgegen und lächelte etwas verlegen, als die Umstehenden ihm Beifall klatschten. Madmartigan und Sorsha mit Elora Danan traten auf ihn zu. Madmartigan sah ihn dankbar an, dankbar für das Glück, das durch Willow in sein Leben gekommen war. „Wiedersehen, Zwerg“, sagte er zärtlich.

Willow stellte sich auf die Zehenspitzen, um Elora besser zu sehen. Zufrieden bewegte sie ihre kleinen Arme und lächelte ihn an. Er lächelte zurück und küßte sie sanft. „Leb wohl, Elora Danan“, flüsterte er.

Dann hob ihn Madmartigan mit einem Schwung auf das Pony hinauf. Schweigend gaben sie sich die Hand. Langsam ritt er aus der Burg hinaus, mit einem Blick zu den Freunden zurück. Dann sah er nach vorne, auf das blühende Tal. Er wußte, daß er die Erinnerung an Tir Asleen nicht verlieren würde.

Die Nachricht von seinem Sieg über die böse Zauberin Bavmorda war schon zu seinem Dorf durchgedrungen. Als Willow nun kam, rannten ihm die kleinen Nelwyns aufgeregt und freudig entgegen. Meegosh lief auf ihn zu, glücklich, ihn wiederzusehen, umarmte er ihn.

„Willow!“ hörte er da die Stimme, die ihm die liebste war, aus der Menge. Kiaya kämpfte sich zu ihm durch.

Willow stand in den Steigbügeln auf. „Kiaya!“ rief er. Er sprang von seinem Pony und eilte ihr entgegen. In überschwenglicher Freude fielen sie sich um den Hals. Mims und Ranon folgten ihrer Mutter und zupften und zerrten an den Kleidern ihres Vaters, bis er sie glücklich in die Arme nahm.

Der Große Aldwin trat aus der Menge hervor und lächelte zufrieden. Feierlich überreichte er ihm einen Stein. Willow nahm ihn in die Hände, besah ihn, und mit einem Blick auf den Großen Aldwin warf er ihn hoch in die Luft, wo er sich in einen Vogel verwandelte und davonflog. Begeistert klatschte die Menge.

Unter einem strahlenden Himmel feierten die Nelwyns die Heimkehr ihres Helden mit unendlicher Dankbarkeit.

Knaur

Ephron, Nora
Sodbrennen
Was macht eine Frau mit Kleinkind, wenn sie – im siebenten Monat schwanger – feststellen muß, daß ihr Mann ein Verhältnis hat? Eine Ehetragödie wird zur Komödie, weil die Autorin auch bei den traurigsten Dingen des Lebens die komische Seite nicht aus den Augen läßt. 240 S. [1457]

Lottmann, Eileen
Der Morgen danach
Für Alex, deren Stern am Filmhimmel zu sinken beginnt, ist alles ein Alptraum: nachdem sie ihren Kummer mit Alkohol betäubt hat, wacht sie in einem fremden Bett auf, neben ihr ein fremder Mann – tot. Alex hat nur noch einen Gedanken – Flucht... 160 S. [1544]

McMurty, Larry
Zeit der Zärtlichkeit
Die Geschichte einer Mutter-Tochter-Beziehung. Eine herzergreifende Story, die als Kinofilm mit 4 Oscars ausgezeichnet wurde. 400 S. [1175]

de Navacelle, Thierry
Woody Allen: Radio Days - Am Drehort
Woody Allen ist einer der berühmtesten Regisseure der Welt. Fünfzehn international erfolgreiche Filme und der Ruf, der kreativste Regisseur seit Charlie Chaplin zu sein, sprechen für sich. Thierry de Navacelle hat ihn bei den Dreharbeiten zu seinem neuesten Film »Radio Days« (Originaltitel) beobachtet. 512 S. [1598]

Osmond, Andrew
Eine demanzipierte Frau
Der vorliegende Roman entstand nach dem Drehbuch zu diesem gleichnamigen Film. 336 S. [1426]

Proffitt, Nicholas
Der steinerne Garten
Die anfängliche Begeisterung zum Vietnam-Krieg hat sich in den USA gelegt. Kritische Stimmen werden laut. Nur Jack läßt sich nicht davon abhalten, an die Front zu gehen. Als er eine engagierte Friedenskämpferin kennenlernt, geraten seine festen Überzeugungen ins Wanken... Ein Film von Francis Coppola. Ca. 256 S. [1529]

Das Buch zum Film

Knaur

Reilly, Claudia
Verbrecherische Herzen
Hazelhurst, eine kleine Stadt, hat ihre Sensation: Babe Magrath hat auf ihren Ehemann geschossen! Ausgerechnet die sanftmütige Babe soll nach einer Waffe gegriffen haben? Nur der beste Anwalt kann ihr helfen – aber das ist Babes Ehemann … 160 S. [1543]

Schulberg, Budd
Schmutziger Lorbeer
Boxmanager Nick Latka hat nur einen Gedanken: Rache! Rücksichtslos beutet er das etwas dümmliche argentinische Boxwunder »El Toro« aus, das Nicks schöner Frau nachstellt. Damit beginnt der menschliche und moralische Abstieg von »El Toro«, der sich in der mörderischen Welt des Sportgeschäftes verstrickt. 336 S. [1342]

Die Faust im Nacken
Wer erinnert sich nicht an Marlon Brando in der Rolle des Terry Malloy und Karl Malden als Priester Barry in der Verfilmung von Elia Kazans »Die Faust im Nacken«? Budd Schulberg schuf nach seinem erfolgreichen Drehbuch diese packende Romanfassung. 352 S. [1341]

Sienkiewicz, Henryk
Quo vadis?
Dieser historische Roman des polnischen Autors Henryk Sienkiewicz gilt als einer der größten literarischen Erfolge der Welt. 336 S. [1360]

Wind, David
Die letzten Tage von Pompeji
Der Roman um Pompeji (in der Fassung von Edward Bulwer-Lytton) ist seit über 100 Jahren ein Weltbestseller. Die fesselnde Darstellung der dramatischen historischen Ereignisse hat bis heute nichts von ihrer Faszination eingebüßt. 320 S. [1235]

Das Buch zum Film

Knaur®

Grave, Stephen
Miami Vice – Heißes Pflaster Florida
Sie fahren schnelle Autos, tragen teure Kleidung, haben tolle Mädchen – aber auch einen gefährlichen Beruf: die zivilen Polizisten von Miami Vice. 192 S. [1475]

Miami Vice – Die Klinge
Wieder einmal müssen Crockett und Tubbs, die beiden Detektive von Miami Vice, sich in den Untergrund wagen – und mehr als einmal steht ihr Leben auf Messers Schneide! 192 S. [1477]

Miami Vice – Schnee aus China
Kühl und gelassen und durch nichts zu erschüttern – so kennen Crockett und Tubbs, Detektive bei Miami Vice, ihren Chef Lieutenant Martin Castillo. Doch die eiskalte Oberfläche täuscht…
192 S. [1478]

Miami Vice – Spiel um Rache
Der zweite Roman nach der erfolgreichen Dienstagabend-TV-Serie, die den ARD-Zuschauern die Dallas-Pause verkürzte. 192 S. [1476]

Heim, Peter
Die Schwarzwaldklinik
Roman nach der ZDF-Fernsehserie von Herbert Lichtenfeld. 336 S. [1485]

Die Hochzeit in der Schwarzwaldklinik
416 S. [1486]

Menschen und Schicksale in der Schwarzwaldklinik
432 S. [1487]

von Lichem, Sylvia
Die glückliche Familie
Langeweile kommt in der Familie Behringer nicht vor. Eher schon einmal die Sehnsucht nach einem beschaulichen Wochenende, an dem Maria und Florian Behringer mal nicht für ihre zwei fast erwachsenen Töchter oder das Nesthäkchen Tami da sein müssen… Der Roman zur TV-Serie mit Maria Schell und Siegfried Rauch in den Hauptrollen. 304 S. [1600]

Rentsch, Alexander
Liebling Kreuzberg
Robert Liebling arbeitet als Rechtsanwalt in Kreuzberg, zusammen mit seinem Sozius Arnold, einem jungen Anwalt aus Stuttgart, der mit dem unkonventionellen Stil seines Arbeitgebers gar nicht zurechtkommt… Der Roman zur TV-Serie.
208 S. [1588]

Stevens, Serita Deborah
Cagney & Lacey
Zwei Frauen im harten New Yorker Polizeieinsatz. Sie könnten Schimanskis Schwestern sein: Cagney und Lacey. Und sie sind das außergewöhnlichste Team, das es bei der New Yorker Polizei je gab. Der Roman zur TV-Serie.
288 S. [1440]

Bücher zu Fernsehserien

Bestseller aus dem Loewes Verlag

Das neue Buch über ALF

Rainer Büttner

ALF – Ich will alles!

Wer geglaubt hat, daß ALF, der kleine rothaarige Außerirdische, genauso schnell wieder im All verschwindet, wie er in das Leben der Familie Tanner „eingebrochen" ist, der hat sich getäuscht. ALF denkt gar nicht daran, die Tanners, geschweige denn die Erde zu verlassen. Er hat sich bei seiner Gastfamilie inzwischen gemütlich eingerichtet. Für die bedeutet das: Langeweile ist ein Fremdwort geworden und mit einem ruhigen und beschaulichen Familienleben ist es vorbei. Denn ALF erweist sich geradezu als „Genie" im Aushecken immer neuer absurder Ideen. Ob als Anwalt in eigener Sache oder für andere – immer will er nur das Beste, und stets endet alles im Chaos.

überall wo es gute Bücher gibt